Anselm Grün
Bernd Deininger

# WARUM MUSSTE ABEL STERBEN?

# Anselm Grün
## Bernd Deininger

# WARUM MUSSTE ABEL STERBEN?

## Mord-geschichten und andere Seltsamkeiten in der Bibel

Vier-Türme-Verlag

# Inhalt

# Vorwort

Wenn ein evangelischer Psychoanalytiker und ein katholischer Mönch alttestamentliche Texte auslegen, dann entsteht ein interessanter Dialog. Die Leser werden in diesen Dialog hineingezogen und erkennen, dass beide Autoren ihnen dabei helfen möchten, die oft sperrigen Texte zu verstehen. Der Philosoph Hans-Georg Gadamer, Schüler von Martin Heidegger, mit dem Bernd Deininger in den letzten Jahren freundschaftlich verbunden war, meint sogar: einen Text zu verstehen bedeutet immer auch, sich selbst besser zu verstehen. Jeder Text möchte uns zu einem neuen und tieferen Selbstverständnis führen. In den Geschichten des Alten Testaments geht es um zentrale Konflikte, die sich seit Jahrtausenden durch das menschliche Leben ziehen. Die biblischen Autoren verstanden es, psychische Vorgänge zu beschreiben und zu verstehen. Die Themen, die sie behandeln – Geschwisterkonflikte, Konflikte zwischen Eltern und Kindern, Ausgrenzung des Fremden – haben wir erst in den letzten Jahrzehnten wieder neu in den Blick genommen.

Bernd Deininger schaut als Psychoanalytiker auf die biblischen Texte. Pater Anselm versucht sie aus seiner spirituellen Tradition heraus auszulegen. Dabei ist ihm die Verbindung von Spiritualität und Psychologie wichtig. Beide Autoren haben immer die Menschen von heute im Blick. Es geht darum, was diese alten Texte ihnen zu sagen haben. Auslegung ist dabei ein Dialog zwischen dem Text und dem Autor. Insofern ist sie immer subjektiv. Jeder versucht, das Gesagte mit dem eigenen Leben in einen Dialog zu bringen. Doch der Dialog zwischen dem biblischen Text und einem Psychoanalytiker und einem Mönch führt oft zu ähnlichen Ergebnissen. Es entsteht ein gemeinsamer Blick auf den Menschen von heute. Und dieser gemeinsame Blick verbindet die beiden Autoren in ihrer Auslegung von biblischen Texten.

Viele Christen tun sich schwer mit den alttestamentlichen Erzählungen. Sie erschrecken vor den Gräueltaten, die darin erzählt werden. Die Texte erscheinen ihnen zu wenig fromm. Doch wenn wir sie mit den Augen eines Psychoanalytikers betrachten, sind sie hochmodern. Sie beschreiben das Geheimnis des Menschen auf seinem Weg der Menschwerdung. Sie scheuen nicht vor den Abgründen der Seele zurück. Aber sie sind zugleich voller Hoffnung, dass jeder, der sich seiner eigenen Wahrheit stellt, letztlich zu dem gelangt, was die Theologie Heil und Heilung, Verwandlung und Erlösung nennt.

Die Autoren haben sich in der Auslegung bewusst auf alttestamentliche Texte beschränkt. Zum einen gibt es dafür wenige Auslegungen, die sich auf den heutigen Menschen beziehen. Zum anderen sind sie gerade für heutige Bibelleser auf den ersten Blick oft schwer zu verstehen. Doch beide Autoren sind mit der ganzen kirchlichen Tradition davon überzeugt, dass das Alte Testament auch für uns Christen Heilige Schrift ist und wesentlich zu unserem Glauben gehört.

Bernd Deininger betrachtet dabei vor allem Geschichtserzählungen aus den fünf Büchern Mose und dem Buch Richter, während Pater Anselm zwei Geschichten aus späteren Schriften, dem 1. Buch Samuel und dem 1. Buch der Könige, meditiert und sich dann mit prophetischen Texten beschäftigt. Die prophetischen Texte sind für heutige Leser genauso fremd wie die oft brutalen Geschichten, in denen von Mord und Schändung die Rede ist. Entweder wird von Gericht und Untergang gesprochen oder aber eine zu heile Welt versprochen. Mit beiden Sichtweisen tun sich Menschen heute schwer. Die Worte vom Gericht erzeugen Angst und Widerstand, die der Verheißung hinterlassen dagegen Zweifel im Leser. Das scheint alles allzu schön zu sein. Man fühlt sich eingelullt von diesen Versprechungen einer heilen Zukunft. Doch beides gehört nicht nur zur Bibel, es entspricht auch der Erfahrung des Menschen, der in der Spannung zwischen Gericht und Heil, Abbruch und Aufbruch, Scheitern und Wiederaufstehen steht.

So wünschen wir den Lesern und Leserinnen, dass die Auslegungen der alttestamentlichen Texte ihren Glauben vertiefen. Wir hoffen, dass sie dabei helfen, das eigene Leben mit neuen, ehrlichen Augen zu sehen, die vor den Abgründen des Lebens nicht zurückschrecken, aber auch mit hoffnungsvollen Augen, die für uns mit all unseren Brüchen und Fragmenten eine gute Zukunft sehen.

In diesem Sinne wünschen wir eine gute, befruchtende und heilsame Lektüre!

*Bernd Deininger, Anselm Grün*

Bernd Deininger

# Die Wurzel von Schuld und Angst

GENESIS 3,1–24

Im 3. Kapitel des Buches Genesis wird die grundsätzliche Frage beantwortet, was den Menschen aus dem Paradies treibt. Das Paradies steht hier für Glückseligkeit, ewiges Leben, Konfliktlosigkeit, ewige Liebe, das Spüren der Nähe Gottes. Die Bibel tut dies verdichtet in einem Ursprungsmythos, damit sich in unserem inneren Erleben ein Bild darstellt, in dem sich jeder Mensch wiederfinden kann.

Die Geschichte handelt nicht von einem historischen Menschenpaar, das uns als Adam und Eva bekannt ist, sondern die Intention des Autors ist, dass wir darin die Geschichte eines jeden einzelnen Menschen wiedererkennen können, also auch unsere eigene. Um diese mythische Geschichte zu verstehen, ist es hilfreich, aus der Erzählung symbolhaft Einzelnes herauszugreifen.

Beginnen wir mit der Schlange. Es handelt sich hier um ein mythisches Tier, ein Symbol. Und was sie zu sagen hat, lässt sich ganz unmittelbar in unserem eigenen Inneren abbilden. Aus der Erzählung selbst wissen wir noch nicht, was es mit der Schlange auf sich hat. Wir erfahren lediglich, dass sie zur Schöpfung Gottes gehört. Es gibt Mythen, in denen die Schlange als ein Symbol des Bösen betrachtet wird. Wenn sie jedoch zur Schöpfung Gottes gehört, ist das mit gewissen Schwierigkeiten verbunden, geht der Leser der Bibel doch davon aus, dass Gott von sich aus nichts Böses erschafft. Diese Erkenntnis ist von großer Bedeutung für alles, was im Folgenden weiter zu betrachten ist.

Wenn wir uns die Geschichte der Bibel vor Augen halten, dann scheint es so, als ob von dieser Schlange alles Unglück und Unheil auf den Menschen herabkommen würden. Der Mythos versichert uns aber auch: Selbst wenn das Konflikthafte den Menschen hinabzieht in den inneren Widerspruch zu sich selbst, zur Welt und zum Schöpfer, darf nie aus dem Blick geraten, dass die Macht, durch die es geschieht, nicht aus dem Bereich der Schöpfung Gottes herausfällt. Unter diesem Blickwinkel kann das Böse, das der Schlange zugeschrieben wird, nicht so angenommen werden. Das Einzige, was der Text uns auf die Schlange bezogen deutlich sagt, ist ein Eigenschaftswort: listig war sie, listiger als alles, was Gott sonst auf Erden geschaffen hatte. Dieses kleine Eigenschaftswort ist in der Tat sehr wichtig, damit wir zu einem tieferen Verständnis über die Schlange kommen können. Denn wenn diese Aussage stimmt, dann liegt der Ursprung des sogenannten Bösen in einer Selbstüberlistung, die dem Handelnden so aber vielleicht nicht bewusst ist. Das würde bedeuten, dass endgültig Abschied genommen werden muss von jeder Art des Redens über das Böse im Menschen. Wenn wir das Ganze rein moralisch betrachten, kann man sagen: Die Menschen sind böse, weil sie böse sein wollen. Die Folge ist, dass es in unterschiedlicher Weise Schutzmaßnahmen geben muss, die den Willen des Menschen zum Guten anhalten. Das würde aber bedeuten, dass die Welt klar getrennt ist in richtig und falsch sowie gut und böse.

Die Erzählung in Genesis 3 weist uns aber immer wieder darauf hin und beschwört uns geradezu, so nicht zu denken. Es gibt viele Menschen, die in das, was wir mit »böse« bezeichnen, hineingezogen werden, und das, was sie getan haben, oft überhaupt nicht tun wollten. Bei der Aufarbeitung des Genozids in Ruanda an den Tutsi wurde darüber oft in den Versöhnungsdörfern, die 20 Jahre danach gegründet wurden, gesprochen. Viele Hutus, die zu Tätern wurden und nun in Gruppen den Opfern gegenübersaßen, sagten: »Das, was wir getan haben, haben wir eigentlich gar nicht tun wollen.«

Daher ist es wichtig, den Menschen gerade aufgrund solcher Geschehnisse und im Hinblick auf den Genesis-Text als einen Betrogenen, einen Hereingelegten zu betrachten. Wenn wir solchen Gedanken folgen, dann gäbe es die Chance, nicht nur die Tragödie vom Hinauswurf aus dem Paradies zu verstehen, sondern auch viele andere Tragödien, die sich in der Menschheitsgeschichte ereignet haben. Der Genesis-Text möchte eine Vision menschlichen Zusammenlebens einerseits und des inneren Erlebens des Menschen andererseits geben. Es geht darum, Verstehen zu üben statt Verurteilung, Einfühlung statt Ausstoß, um dann die Furcht vor Verurteilung ablegen zu können, damit wir ehrlich mit uns selbst und anderen umgehen.

Das sogenannte Böse beginnt in dieser Geschichte ganz harmlos. Die Schlange richtet eine Frage an die Frau. Häufig heißt es in den Übersetzungen aber: »Gott hat wohl gar gesagt, ihr dürft von keinem Baum des Gartens essen?« Dann ist es aber eher eine Behauptung, die zum Widerspruch anregt. Doch so wird es nicht gemeint sein. Denn das sogenannte Böse würde sich dann in die Beziehung zwischen Gott und die Menschen hineinschleichen, indem es sich einfach nach dem erkundigt, was Gott gesagt hat. Das wird man doch dürfen? Ein Nachdenken über das Gotteswort, was könnte unverdächtiger erscheinen? Wäre es denn vorstellbar, dass Gott eine ganze Welt erschaffen hat, wunderschön und stimmig, und hätte gleichzeitig den Willen gehabt, einen Menschen dort hineinzusetzen, nur um ihn mit einem Verbot zu quälen? Wäre der Mensch dann nicht ein Gefangener der göttlichen Einschränkung? Wenn dies eine Möglichkeit ist, nach Gott so zu fragen, steht dann nicht Gott selbst infrage? Wenn wir uns in die Lage eines Menschen einfühlen, dem sein Gott, sein Untergrund, auf den er vertraut, fragwürdig wird, dann können wir die Unsicherheit und Angst spüren. Es ist, als wenn einer, der sich in der Liebe geborgen fühlt, plötzlich in Zweifel gestürzt wird, ob er dem geliebten anderen vertrauen kann oder ob er der Betrogene ist. Dann entstehen Eifersucht und Hass. Wenn einem

Menschen Gott fragwürdig wird, geschieht im Grunde noch viel Schlimmeres. Er fällt aus jeder Sicherung heraus.

Diese Möglichkeit wird hier von der Schlange aufgezeigt. Ein einziges Gebot hat Gott erlassen, aber auf diesem Gebot, dessen Sinn wir eigentlich noch nicht verstehen, liegt plötzlich der Schatten eines Verdachts: Es könnte sein, dass Gott den Menschen um ein bestimmtes Glück bringen will, und zwar mit Absicht, um ihn in seinen Möglichkeiten einzuschränken. Wenn es diese Möglichkeit gibt, verändert sich die Beziehung zu Gott vollkommen und sieht völlig anders aus, als man bis dahin angenommen hat. Dann wäre Gott nämlich selbst zwiespältig und unheimlich, möglicherweise sogar bösartig und gefährlich.

Was kann ein Mensch bei solchen Voraussetzungen und Möglichkeiten tun? In unserem Text ist es die Frau, die das Entscheidende unternimmt. Sie ist es, die sich auf die Seite Gottes schlagen will, indem sie das Gebot Gottes noch einmal wörtlich formuliert: »So hat der Schöpfer gesprochen, von allen Bäumen im Garten dürft ihr (»selbstverständlich« muss man hinzufügen) essen, nur von dem Baum in der Mitte des Gartens, hat er gesagt, esst davon nicht.« Etwas später heißt es dann im Text, dass die Frau genau das tun wird, was sie eigentlich für nicht denkbar hielt und dessen sie sich innerlich verweigerte.

Sie zitiert das Gotteswort buchstäblich mit einer einzigen, aber dadurch alles verändernden Abwandlung: »Gott hat gesagt«, so legt sie dem Allmächtigen in den Mund, »rührt an diesen Baum überhaupt nicht, denn sonst werdet ihr sterben«. Was ist geschehen, dass sie das Wort Gottes so, wie es gesagt wurde, gar nicht wiederholen kann, sondern etwas hinzufügt, eine Radikalisierung: »Rührt nicht daran!« Was könnte dahinterstecken?

Eine Handbewegung würde genügen und Gott stünde bereit. Er wäre wie ein Rächer und könnte den Menschen vernichten. Das würde bedeuten, Gott ist an dieser Stelle der Erzählung nicht mehr der Beschützer und Erhalter des menschlichen Lebens, sondern es wäre ihm zuzutrauen, dass er den Menschen für ein geringes Vergehen verurteilt und vernichtet. Die gesamte Beziehung zwischen Gott und Mensch wäre dann plötzlich durchtränkt von einer überdimensionalen Angst. Mehr noch: Der Mensch selbst müsste Angst haben, er könnte das Unausdenkbare wirklich tun und daher vor sich selbst auf der Hut sein, weil er jederzeit, getrieben von Begierde, nach dem Baum greifen könnte. Er müsste auch vor dem eigenen Inneren, seinem Selbst Angst haben. Und darüber hinaus: Auch die Welt, die um ihn herum ist, wäre nicht mehr so, wie er sie vorfand. Denn in seinem Inneren fühlte er sich getrieben, der Schlange zu folgen, weil es anscheinend keinen anderen Weg zum Glück mehr gibt, als von diesem Baum zu essen. Nur, indem das Verbotene getan wird, winkte dem Menschen noch die Fülle des Lebens. Denn mit dem Essen des Apfels gingen den Menschen die Augen auf und sie würden erkennen, dass sie nackt sind. Das waren sie zwar schon immer und es fühlte sich ursprünglich auch gut an. Einander begegnen zu dürfen in der Wahrheit des eigenen Wesens, voller Vertrauen, geliebt zu werden für das, was wir sind, wäre eine Auszeichnung und der Begriff von Nähe, Gemeinsamkeit, Zärtlichkeit, Verschmelzung. Jetzt aber bedeutete nackt zu sein plötzlich etwas ganz anderes. Es wäre identisch mit Sich-ausgesetzt-Fühlen unter den Augen des anderen. Es wäre durchtränkt von einem bedrohlichen Schamgefühl. Mit einem Mal würde sich der Mensch so fühlen, dass er sich, auf den anderen bezogen, als nicht mehr zumutbar empfindet.

Was hat sich in dieser Situation, in dieser Szene geändert? Was meinen wir, wenn wir von Gott reden? Im Grunde doch nur das Eine: dass es eine Hand gibt, die uns einhüllt wie ein Gewand und uns beschützt aufwachsen lässt. Dann, nach der Veränderung, nach dem Essen des Apfels, wissen die Menschen plötzlich so wie Gott selbst, was es heißt, nur Kreatur zu sein. Und nun wird auch verständlich, was Gott mit seinem Verbot eigentlich meinte: Es gibt nur einen Weg, dass Menschen erfahren und wissen, was es bedeutet, Kreatur ohne den Hintergrund ihres Schöpfers zu sein. Das ist dann der Fall, wenn sie von Gott abfallen und der Angst mehr glauben als der Liebe, dem Egoismus und dem Narzissmus mehr als der Gemeinsamkeit und der Beziehung. Und genau das hätten die Menschen nie kennenlernen sollen und dürfen: wie unglücklich geschaffene Wesen sein müssen, wenn sie mit dem Schöpfer nicht mehr in Einklang sind. Das ganze Dasein auf der Seite Gottes ist voller Glück, freudvoll, erfüllt, bereichernd, zuversichtlich, voll Hoffnung und Vertrauen. Und dasselbe Dasein, ohne jede Änderung in den Strukturen, kann ohne die Einheit mit Gott unglücklich bis in die tiefsten menschlichen Empfindungen hinein sein. Das ist es, was Gott den Menschen sozusagen vorenthalten wollte. Das wusste nur Gott, und es sollte den Menschen erspart bleiben.

Die Schlange hatte eigentlich ganz Recht. Sie sagte: »Ihr werdet weise sein und Wissende. Aber ihr werdet nackt dastehen und euch selbst nicht ertragen in eurer eigenen Selbsterkenntnis.« Sie hat nicht einmal gelogen, sondern ihr Versprechen gehalten. Sie hat nur nicht gesagt, dass das, was sie den Menschen gibt, ihr Ruin sein wird.

In der Lebensgeschichte jedes Einzelnen gibt es die Erfahrung, dass er aus einem individuellen Paradies verjagt werden muss: die Nähe und die Versorgung durch die Mutter. Es ist der Augenblick, da die Einheit zwischen Mutter und Kind zerbricht, indem zum Beispiel ein Nahrungsverbot in Form von Abstillen wirksam wird. Für das Kind aber werden die frühen Erfahrungen von Verwöhnung schmerzlich in Erinnerung bleiben. Es wird sich bestraft fühlen für seine Maßlosigkeit und die ersten Anfänge eines tiefsitzenden Schuldgefühls in sich aufnehmen. Das Schuldgefühl, das sich am stärksten in uns breitmacht, bezieht sich nicht auf das, was wir moralisch falsch gemacht haben, sondern es richtet sich auf das, was wir selbst sind. Diese Schuldgefühle sind aber unvermeidbar. Sie werden innerlich wie eine ausweglose Situation empfunden, denn wir sind dazu verpflichtet, Nahrung aufzunehmen, damit wir überleben. Das heißt also, wir müssen dadurch, dass wir existieren, anderen etwas wegnehmen bzw. etwas in Anspruch nehmen, was andere dann nicht erhalten können. Wir benötigen Kleidung und Geld, Zuwendung und Arbeit. Dadurch, dass wir leben, verdrängen wir einen anderen. Auf der Welt zu sein und schon dadurch schuldig zu werden, das ist von einem bestimmten Moment an nicht zu widerlegen.

Keine Mutter wird in der Lage sein, ihrem Kind restlos die Zusage zu geben, dass es nur gemocht, nur umfangen, nur erwünscht auf die Welt gekommen ist. Irgendwo beschleicht uns immer der Zweifel, ob es nicht ganz anders besser sein könnte. Diese Lücke des Zweifels ins Absolute getrieben, lehrt uns die Geschichte aus der Genesis zu verstehen. Es ist jedoch wichtig festzuhalten, dass der Zweifel auf der Seite des Menschen steht. Aufseiten Gottes hat sich nicht das Geringste verändert. Er bleibt wie er ist und was er ist. Sein Blick auf den Menschen ist immer der gleiche. Nur aufseiten des Menschen ist alles anders geworden. Er muss jetzt die Entscheidung treffen, ob er die Nähe seines Gottes wie einen Segen und einen Trost, wie Geborgenheit empfindet, oder wie einen Fluch, eine Bedrohung, wie etwas Unheimliches, dem es auszuweichen gilt. Das entscheidet sich nicht an Gott, aber an der Art, wie wir Menschen ihn erleben.

Es ist etwas Rätselhaftes, dass Gott uns fragen muss, wo wir sind, und wir fürchten nichts mehr, als darauf Antwort zu geben. In jeder wirklichen Lebenskrise, wenn wir uns selbst wie etwas Unmögliches vorkommen, das sich, wenn möglich, verkriechen möchte, oder uns beschämt fühlen, hören wir diese Frage Gottes: »Wo bist du?« Immer, wenn wir glauben, niemand dürfte uns so, wie wir sind, sehen, wir müssten uns selbst anders darstellen und unsere kritischen Eigenschaften und Charakterzüge verhüllen, hören wir doch im Untergrund die geheime Stimme, die fragt: »Wo bist du?« Es bedeutet immer: »Wer bist du denn eigentlich?« Und weiter: »Welcher Weg hat dich denn dorthin geführt, wo du bist?«

Viele haben das Gefühl: Wenn andere herausbekommen, wie ich wirklich bin, ohne Maske, ohne Fassade, dann ist alles verloren. Das darf auf keinen Fall passieren. Die Nähe eines anderen Menschen ist oft nur auszuhalten, indem man Masken trägt. Es ist schwer möglich, wahrhaftig zu sein, solange das Eingeständnis der Wahrheit das Leben vernichtet, an das man sich klammert. Und genau das ist ein Teil der Geschichte im Buch Genesis. Wenn denn schon Gott alle Schuld kennt, wenn es kein Ausweichen mehr gibt, dann zumindest eine Ausrede: Man ist schuldig geworden, indem man unschuldig geblieben ist, denn man konnte nichts dafür, man ist nicht zuständig für das, was man getan hat, man war nie man selbst, sondern von außen gelenkt, durch fremden Einfluss, für den man nichts konnte. Eigentlich war man nie der Täter, sondern selbst Opfer. Doch diese Gedankengänge, diese Entschuldigungen haben wir im Angesicht Gottes nicht nötig. Denn er verhält sich durchgängig gleich. Er, der Allmächtige, wird kommen und uns am Ende mit unseren Minderwertigkeits- und Schamgefühlen annehmen und zu verstehen suchen. Noch deutlicher und sinnfälliger zeigt sich dies in der Gestalt des Jesus von Nazaret: Er wollte, dass wir das Bild eines strafenden Gottes endgültig aufgeben. Er wollte, dass wir nicht länger glauben, Gott erwarte den perfekten, reinen, disziplinierten Menschen. Er machte immer wieder klar, dass wir an einen Gott glauben sollen, der den Verzweifelten nah ist, sich um die Zerbrochenen sorgt und den Verlorenen nachgeht. Und zwar nicht, um ihnen Angst zu machen, sondern um sie zurückzuleiten zu dem Punkt, wo der Mensch mit sich identisch ist, wo er sich annimmt, ein gutes Selbstwertgefühl hat.

Dann wäre es möglich, zusammen mit unseren Partnerinnen oder Partnern unsere Kinder wachsen zu lassen, ohne sie ehrgeizig anzutreiben, damit sie all das kompensieren, was wir selbst nicht geschafft haben. Wir könnten sie liebevoll umarmen und in ihr eigenes Leben entlassen, wir könnten uns wiederfinden, als Menschen die

Liebe empfangen und geben, als Freund und Freundin. Wir könnten lernen, wieder zu sehen, wie wertvoll wir eigentlich sind in den Augen des anderen. Sicherlich ist keiner vollkommen und keiner vollendet, aber in seinen Beschränkungen liebenswert. Aus dieser Erzählung in der Genesis können wir getrost ableiten: Gott ist das, was wir dringend brauchen als Gegenüber einer Hoffnung, die alle Angst der Kreatur beruhigt. Er ist das, was uns absolut fehlt, wenn wir als bloße Kreaturen in unserem Bewusstsein erwachen. Die Botschaft des Jesus von Nazaret wäre deshalb: Vertraut Gott! Wir müssen das immer wieder langsam und schrittweise einüben. An jedem Ort, an dem einer dem anderen ein liebevolles Wort sagt, ihm Vertrauen entgegenbringt, ihn akzeptiert und in seinem So-Sein belässt, würde dieses Vertrauen sichtbar. Was wir dann als Erlösung bezeichnen, wäre, dass wir verängstigten, geistverschreckten Lebewesen uns bei der Hand genommen sehen, vorbei an den Klippen des Lebens, zurück zum Baum in der Mitte des Gartens. Es gäbe Trost und keine Angst vor Nacktheit und Scham. Dann würden wir uns als Menschen fühlen und könnten dem anderen in unserer Nacktheit und Beschämung ohne Maske begegnen.

Bernd Deininger

# Du sollst deines Bruders Hüter sein

GENESIS 4,1–16

In der Geschichte von Kain und Abel zeigt sich eine menschliche Urerfahrung. Das Motiv, die Rivalität zwischen zwei Brüdern, taucht in vielen unterschiedlichen mythischen Erzählungen auf. Auch wenn die Erzählung von Kain und Abel die älteste ist – das Alte Testament steckt voller Mordgeschichten: In der Folge der Patriarchate werfen Jakobs Söhne ihren verhassten Bruder, der immer bevorzugt wurde, in die Grube. In der Zeit der Könige lässt David den Ehemann der von ihm begehrten Batseba töten. Sein Sohn Absalom wiederum wird getötet, weil er seinen Halbbruder Amnon ermordet hat. Kann das bedeuten, dass die Aggression dem Menschen angeboren ist? Wie wird das Töten vom sozialen Umfeld mitgestaltet?

Es gibt aus vielen Fachdisziplinen zahlreiche Erklärungsversuche für den Sadismus und die Grausamkeit, mit der Völker sich untereinander, aber auch Einzelne einander traktieren. Die Bibel ist sicherlich nicht dazu geschrieben worden, um die Strukturen geschichtlicher Ereignisse zu beschreiben. Dennoch wird in manchen biblischen Geschichten herauszuspüren versucht, was sich an der Oberfläche zeigt und sichtbar wird. Bevor Menschen zu Mördern werden, müssen sie selbst eine Geschichte durchlaufen haben, die sie verängstigt und schwer beeinträchtigt hat. Auch ein späterer Mörder kam als unschuldiger Säugling auf die Welt und wurde durch seine psychische Entwicklung zu dem gemacht, was er später wurde. Auch ein Mörder muss sich selbst wie vernichtet gefühlt haben.

Vielleicht kann uns die Beschäftigung mit diesem Bibeltext einige Erklärungen liefern. Hier wird vor Augen geführt, was eine Besonderheit des menschlichen Daseins ist: der Fluch, die Tragik, dass der Mensch das einzige Lebewesen ist, das selbst der Würger seines Nächsten werden kann. Die Frage lautet, was ist das Wesen, wenn ein Mensch gegen den anderen oder ein Volk gegen ein anderes aufsteht? Warum nehmen Krieg, Feindschaft, Mord und Vergewaltigung ein so breites Feld in der menschlichen Geschichte ein, dass wir in all dem, was wir bisher über den Menschen sagen können, keine Erklärung finden?

Wenn wir diese überlieferte Geschichte aus heutiger Perspektive betrachten, könnten wir uns Fragen stellen nach der Persönlichkeit Kains, nach seiner Familie, nach den menschlichen Beziehungen, in denen er stand, bis hin zu den Ansprüchen, die Gott an ihn stellte. Zudem: Was ging dem Mord voraus und wie das Leben danach weiter? Gibt es nicht auch Sympathien für den Mörder Kain, der an sich und der Welt leidet? Nach der biblischen Erzählung ist ihm nach dem Mord sein Leben gelungen: Er arbeitet, zeugt Nachkommen und lebt in einem Sozialgefüge. Kain, dieser schuldbeladene Mann, löst Fragen, Projektionen und Identifikationen aus.

Wir können das, was sich im Menschen abspielt, wenn Kain als Mörder seines Bruders aufsteht, nie anders begreifen, als dass sich ein Zerwürfnis wiederholt, das allem zugrunde liegt. Ist nicht das Zerbrechen der menschlichen Gemeinschaft nur die Widerspiegelung des Zerwürfnisses des Menschen mit seinem Gott? Was sich im Inneren eines Menschen abspielt, wenn er sich von Gott zurückgewiesen und gedemütigt fühlt, das tritt nach außen als eine zerstörerische Kraft, die unter den Menschen wirkt. Wenn wir uns den Genesis-Text noch einmal anschauen, begegnet uns ein Gott, der unheimlich und schrecklich erscheint. Es findet sich nichts Bergendes, nichts Versöhnliches, kein Gott mehr, der tröstet, sondern nur noch einer, der rächt. Es wirkt so, als ob Gott in gewisser Weise darauf hinweisen würde, dass nach der Trennung des Menschen von seinem Schöpfer auch die Gemeinsamkeit der Menschen selbst extrem gefährdet ist und dass sich unter ihnen eine Angst breitmacht, vom anderen bedroht und verfolgt zu werden. Durch die Trennung und das Zerwürfnis zwischen Gott und Mensch ist der Glaube an etwas Jenseitiges, etwas Göttliches verlorengegangen. Es bleibt nur noch die naturwissenschaftlich-materialistische Weltsicht.

Das Bild in der biblischen Geschichte zeigt uns nach dem Hinauswurf aus dem Paradies einen Menschen von zunächst äußerster Friedfertigkeit. Kain wendet sich zu Gott mit den Früchten des Ackers und Abel bringt von den Erstlingen seiner Schafherde dar. Diese Szene zeigt sich zunächst als unverdächtig. Und dennoch taucht schon hier eine wesentliche Frage auf: Was geht in Menschen vor, wenn sie glauben, dass sie Gott Opfer bringen müssen? Können wir uns vorstellen, dass in einer Paarbeziehung, in der beide sich lieben und miteinander glücklich sind, einer auf die Idee kommt, er müsste dem anderen etwas opfern, um womöglich noch ein bisschen mehr geliebt zu werden? Erst wenn wir diese Frage stellen, können wir das Schreckliche, das hier unter dem Deckmantel des Harmlosen auftritt, begreifen. Wir haben mit Kain und Abel zwei Menschen vor uns, die nur glauben können, von Gott geliebt und beschützt zu werden, wenn sie Opfer darbringen – und zwar das Beste, das sie haben. Das Gefühl, von Gott nur geliebt zu werden, wenn Opfer gebracht werden und etwas geleistet wird, kann nur dann entstehen, wenn sich vorher ein Gefühl von Abgelehnt- und Ausgestoßensein eingestellt hat. Dieses Grundgefühl wird die Situation von Kain und Abel am ehesten beschreiben. Es handelt sich um zwei Menschen, die sich nicht vorstellen können, nur wegen ihrer bloßen Existenz und ihrem So-Sein gemocht und geliebt zu werden. Es gibt viele Menschen, die das Gefühl haben, das Recht, auf dieser Welt zu leben, hinge davon ab, dass sie alles tun, was von ihnen verlangt wird. Manchmal so, als ob es eine Schuld zu begleichen gäbe, die sie vielleicht gar nicht selbst auf sich geladen haben, die aber doch das gesamte eigene Dasein durch und durch prägt.

Ich denke dabei zum Beispiel an jene Kinder, die bei einem One-Night-Stand gezeugt wurden und beide Elternteile niemals vorhatten, zusammenzubleiben. Oder jene, die aus einer destruktiven, gewalttätigen Beziehung heraus entstanden sind und die ihre Mütter durch ihre Anwesenheit immer wieder an diese destruktiven Szenen erinnern. Oder auch die Kinder, die nur einen Zweck erfüllen, zum Beispiel, ein Selbstobjekt – etwas, das das Selbstwertgefühl stärkt und Identität stiftet – für die Mutter zu sein. Dieses Gefühl, abgelehnt zu werden, eigentlich nur einen Zweck zu erfüllen oder gar nicht erst geboren werden zu sollen, nötigt viele Menschen dazu, sich mit besonderem Fleiß, einer besonderen Anstrengung und einer besonderen Duldsamkeit der Außenwelt gegenüber hervorzutun. Es geht also um das fundamentale Gefühl, anerkannt zu werden in seinem So-Sein und angesehen zu werden. Dieses Gefühl ist so zentral und wesentlich, dass es jeden Menschen betrifft.

Daher kann man sagen: Kain und Abel, das sind wir alle. Kein Mensch glaubt wirklich von Grund auf, dass er so, wie er ist, genügt, ausreicht, liebenswert ist. Für viele wäre das zu einfach, zu bequem – geradezu zu naiv.

Viele Kinder hören von ihren Eltern in etwa: »Wenn du gut und im Frieden mit uns leben willst, dann musst du dich anstrengen, dass aus dir einmal etwas (Gutes) wird.« Spätestens im Kindergarten wird dies den Kindern schon beigebracht und so zieht sich dieses Denken durch die gesamte Kinder- und Jugendzeit bis ins Erwachsenenleben hinein: Du wirst geliebt für das, was du leistest und was du hervorbringst.

In dem Film »Ich will doch nur, dass ihr mich liebt« von Rainer Werner Fassbinder bildet sich die Geschichte von Kain und Abel in einem gewissen Sinn ab. Er erzählt von einem jungen Mann, der zum Mörder wird, weil er auf verzweifelte Weise die Liebe seiner

Freundin erringen möchte. Er tut alles, was er kann: bringt Blumensträuße, die überdimensioniert sind, schreibt Briefe und wirbt um sie in einem Übermaß. Sie hält das nicht aus und empfindet es als Belästigung. Sie fühlt sich von ihm bedroht, sodass sie ihm so gut wie möglich aus dem Weg geht. Er aber erlebt dies als Ablehnung und Zurückweisung, was ihn so in seinem Selbstwertgefühl kränkt, dass es zu der Mordtat kommt, die es ihm dann noch unmöglicher macht, von irgendjemandem geliebt zu werden.

Warum ist das so? Wenn wir noch einmal auf unseren biblischen Text blicken, so schaut Gott auf Abel und seine Gabe, aber auf Kain schaut er nicht. Wieso hat Gott nicht beide in gleicher Weise angeschaut? Liegt nicht darin auch eine Mitschuld an dem Mord?

Wenn wir so fragen, werden wir in die Irre gehen. Denn was die Bibel in dieser Geschichte erklärt, ist erschütternd: Gott bleibt, wie er ist. Auf der Seite Gottes hat sich nichts verändert. Aber auf der Seite der Menschen erscheint es ganz anders. Daraus entsteht das Problem. Kein Mensch kann in dem Gefühl, abgelehnt zu sein, an irgendeinen gerechten Gott glauben. Für ihn wird es viele Gründe geben zu sagen: Der andere neben mir ist der Attraktivere, der Bessere, der Wichtigere, unabhängig davon, worauf sich diese Annahme gründet. Irgendetwas hat der andere, was man selbst nicht hat, und manchmal ist es nur, dass er anders ist. Das Gefühl, selbst wertlos zu sein, ist oft so tief verwurzelt, dass es sich buchstäblich in jeden anderen hineinprojiziert. Es ist ein ständiger Kampf des einen gegen den anderen, der aus dem Gefühl entsteht, abgelehnt und nicht akzeptiert zu sein. Wir müssen davon ausgehen, dass dieses Gefühl Kain begleitete. Er hat alles gegeben, was er hatte. Er hat alles getan, was er konnte. Mehr ist ihm nicht möglich. Und nun mit ansehen zu müssen, dass sich am Ende alle seine Bemühungen, alle Anstrengungen nicht gelohnt haben, ist für ihn nicht auszuhalten. Er fühlt sich abgeschoben und in die zweite Reihe gestellt.

Stellen wir uns eine Familie vor. Die Mutter übertrug nach der Geburt des zweiten Kindes ihre Mutterliebe von dem erstgeborenen, schwierigen Sohn (Kain) auf den fröhlichen und zugewandten zweiten Sohn (Abel). Kain erleidet dann den Rückzug der Mutter als lebensbedrohend. Sie wird sich mit Kain auseinandersetzen und ihn dafür zurechtweisen, wenn er auf seinen Bruder Gefühle wie Zorn, Hass und Neid entwickelt. Doch wenn die Mutter ihn schon ablehnt, gibt es noch immer den Vater. Stellen wir uns ihn als einen verschlossenen, wortkargen Menschen vor, so wird auch dieser ihm nicht die Angst nehmen können, nun abgeschoben und ungeliebt zu sein. In seinem Roman »Jenseits von Eden« hat John Steinbeck die Geschichte von Kain und Abel romanhaft verarbeitet. Er beschreibt zwei Brüder namens Caleb und Aaron, die beide um die Liebe des Vaters ringen. Der Vater hat aber Aaron lieber als Caleb. Caleb versucht auf unterschiedliche Weise, sich die Anerkennung seines Vaters zu erwerben, zum Beispiel, indem er Bohnen zieht und diese gut verkaufen kann, um damit die Schulden seines Vaters zu begleichen. Der Vater nimmt aber das Geld nicht an. Aaron hingegen wird von seinem Vater immer gelobt und bevorzugt. Caleb ist so verzweifelt, dass er seinem Bruder Aaron erzählt, seine Mutter sei eine Hure geworden. Die Scham über die Mutter führt dazu, dass sich Aaron freiwillig zum Kriegsdienst meldet – in dem er möglicherweise umkommen wird.

Es ist die bekannteste Geschichte der Welt, schreibt Steinbeck, denn sie ist jedermanns Geschichte. Es ist die sinnbildliche Geschichte der menschlichen Seele. Die größte Angst, die ein Kind befallen kann, ist die, nicht geliebt zu werden. Jeder Mensch hat wohl in größerem oder kleinerem Ausmaß solche Gefühle verspürt, die in der Folge in Zorn und Hass münden und zu Taten führen, die uns schuldig werden lassen. Das ist ein Mechanismus, der in die Geschichte der Menschheit eingegraben ist. Darin liegt vieles begründet: Ein Kind, dem die Liebe verweigert wird, nach der es sich sehnt, lebt seine Aggressivität manchmal dadurch aus, dass es Spielsachen zerstört oder Tiere quält. Andere stehlen, um sich mithilfe von Geld oder Dingen Liebe zu sichern. Immer wieder resultiert daraus Schuld und Rache und weitere Schuld. Der Mensch ist das einzige Lebewesen, das Schuldbewusstsein kennt, auch wenn es nur kurz aufscheint. Darum ist diese alte biblische Geschichte so bedeutsam, weil sie ein Spiegel der verborgenen, verworfenen, schuldbewussten Seele ist. Äußerst verzweifelt sieht Kain sich ungesehen und abgelehnt – mit einer einzigen Erklärung: Es gibt neben ihm Abel, seinen Bruder. Er ist der Bessere, der Bevorzugte. Könnte er ihn ausschalten, wäre alles gut. Er wäre dann endlich allein mit seinem Gott und kein anderer könnte sich mehr dazwischenschieben.

In vielen Familien stellt es sich genauso dar: Da kommt eine jüngere Schwester oder ein Bruder zur Welt. Schon das genügt, um ein labiles Gleichgewicht zwischen Mutter und Kind, Vater und Kind zu erzeugen. Dieses neue Kind ist »überzählig«, es ist zu viel auf der Welt, zumindest in den Augen dessen, der sich einfach durch die Anwesenheit des anderen aus seinem Paradies vertrieben fühlt. In anderen Familien erscheint dem Jüngeren der Ältere über alle Maßen bevorzugt. Er darf Dinge, die es selbst nicht darf. Mit ihm tauschen die Eltern Gedanken aus, die sie ihm selbst vorenthalten. Allein der Altersunterschied kann so viel an Neid heraufbeschwören, dass das Zusammenleben unter den Geschwistern umso schmerzlicher werden muss, je weniger sie der Liebe ihrer Eltern gewiss sind.

Dies, generalisiert betrachtet als Verhältnis unter all den menschlichen Schwestern und Brüdern, ist die Geschichte von Kain und Abel. Wäre der andere erkennbar schlechter, so könnte man gut mit ihm leben. Aber gerade die Eigenschaften, die gut an ihm sind, die man loben müsste, die eine Auszeichnung verdienen, werden zur Gefahr. Um Gefühle jedoch grundsätzlich zu ändern, müsste der eine dem anderen sagen: »Als mein Bruder bist du nicht mein Feind, nicht meine Konkurrenz, du nimmst mir nicht das weg, was ich brauche, sondern ich erkenne dich an in deinen Vorteilen und Vorzügen.« Eine solche Aussage kann nur treffen, wer selbst das Gefühl hat, anerkannt und akzeptiert zu sein. Wie schwer das ist, zeigt uns die vorliegende Geschichte. Kain wird sein ganzes Leben lang umgetrieben, er wird seine Heimat finden in der Heimatlosigkeit, Grund finden in der Grundlosigkeit und zu Hause sein im Unbehausten.

So erleben wir, dass die Bibel an dieser Stelle eine bittere, fast bösartige Kulturgeschichte der Menschen nacherzählt. Es endet damit, dass der Mörder Kain auf einem verfluchten Boden als Flüchtling sesshaft wird und später sein Sohn Henoch zum Gründer der ersten Stadt heranwächst. Das gibt uns Hoffnung, dass Gott trotz der furchtbaren Tat ihn und seine Nachkommen nicht verlässt.

Die altjüdische Konflikt- und Mordgeschichte von Kain und Abel ist noch nicht zu ihrem Ende gekommen. Nach mehr als zwei Jahrtausenden erscheint sie immer noch als schmerzliche Zeitgeschichte der Menschheit. Das Lebensmuster aus Aggressivität und Lebenswillen, Mord und Erkennen, aus Verweigerung, Frust und Flucht zeigt sich hier exemplarisch. Die Aktualität des Konfliktes in dieser Geschichte kann unserem sozialen Blick auf die biblische Geschichte und unserer eigenen Gegenwart helfen. Das Schwierigste zwischen den Menschen ist bis heute das Zusammenleben in Frieden. Eine geschwisterliche Gesellschaft – wer wollte das nicht? Dann müsste auch der andersartige und sogar der konkurrierende Kain Bruder bleiben oder werden dürfen. Dies wäre der biblische Auftrag seit den Tagen nach dem Entstehen dieser Geschichte.

Möglich ist dies, wenn wir spüren, dass wir Vertrauen in Gott haben dürfen: geliebt zu werden, nur weil wir sind. Dies wäre das Fundament, um Hass, Feindschaft, Mord und Krieg untereinander zu überwinden.

Bernd Deininger

# Bedingungsloses Vertrauen auf Gott

GENESIS 22,1-19

Nur wenige Geschichten in der Bibel sind so gut erzählt, aber auch so bedrückend wie die Szene, als Abraham mit seinem Sohn Isaak am Berg Morija steht. Die Geschichte mit dem zentralen Thema der Opferbringung wird auch in der Malerei stark rezipiert. Erstaunlich ist, dass die Verteilung der Rollen im Wesentlichen klar zu sein scheint: Abraham ist das Subjekt der Handlung, Isaak das Objekt. Unschlüssigkeit gibt es lediglich hinsichtlich des Alters des Sohnes. Einmal wird von ihm als Kind, dann als Jüngling, später als erwachsenem Mann berichtet.

Die rabbinische Literatur, die vom ersten nachchristlichen Jahrhundert bis zum achten Jahrhundert datiert, eröffnet verschiedene Lesarten dieses Kapitels. Insbesondere darauf bezogen, wer eigentlich das Opfer ist, gibt es unterschiedliche Wahrnehmungen. Einmal ist Abraham das Opfer, dann Sara, die Ehefrau Abrahams und Mutter Isaaks, in anderen Schriften ist es Isaak im Sinne einer Selbstopferung. Im Judentum lautet der traditionelle Titel der Erzählung: »Die Bindung Isaaks«. Versucht man aber nun eine Gesamtschau auf das Geschehen, so beherrscht Abraham als Zentralfigur die Szene, wohingegen Isaak eher benutzt wird und dem Vater ausgeliefert ist. Die Bereitwilligkeit, mit der Isaak den Anordnungen seines Vaters folgt, scheint im Alter Isaaks begründet zu liegen. Das Lebensalter Isaaks wird daraus abgeleitet, dass Sara ihn in ihrem 90. Jahr empfangen hat und im Alter von 127 Jahren starb. Nachdem Sara unmittelbar nach der Nachricht, dass Isaak nicht geopfert wurde, stirbt, wäre er also bei seiner Bindung am Berg Morija 37 Jahre alt gewesen. Dies würde dafür sprechen, was die rabbinische Tradition immer wieder betont, dass Isaak durchaus freiwillig gehandelt hat und als erwachsener Mann auch Möglichkeiten gehabt hätte, die Bindung zu verweigern. Die rabbinische Überlieferung betont zudem, dass beide, Abraham und Isaak, einmütig gehandelt haben. Vater und Sohn gehen gemeinsam entschlossen den Weg – Abraham, um zu binden, und Isaak, um gebunden zu werden.

1843 erschien unter dem Titel »Furcht und Zittern« eine Schrift von Sören Kierkegaard, die die Szene auf dem Berg Morija zu beschreiben versucht. Dabei geht es Kierkegaard wesentlich darum, durchzuspielen, welche Reaktionen im inneren Erleben von Menschen möglich sind, wenn sie sich ganz auf diese Geschichte einlassen. Der Auftrag Gottes, der völlig außerhalb jedes Denkhorizonts zu liegen scheint, lautet: »Geh und opfere deinen Sohn.«

Wäre es nicht denkbar, so konstruiert Kierkegaard, dass Abraham vermutet, Gott könne so etwas gar nicht von ihm fordern, also sei es eine Versuchung, der es zu widerstehen gilt. Wenn dies so wäre, dann wäre Abraham nicht so mächtig in die Geschichte des Alten Testaments eingegangen und nicht der Stammvater des Glaubens geworden. Für Kierkegaard erscheint es wesentlich, die Bibel so zu lesen, dass sich jeder Mensch, der sich mit diesen Texten befasst, existenziell betroffen fühlt. Er versucht sie in das innere Erleben der Menschen hineinzuziehen, weshalb die wichtigste Frage für ihn ist: Was bedeutet das, was da steht, wenn es dir persönlich gesagt würde und was spielt sich in deinen Gefühlen und Gedanken ab, wenn du die Worte so hörst, als ob sie direkt zu dir gesprochen würden? Kann es sein, dass sich an dieser kleinen biblischen Erzählung erklären lässt, was oder wie Gott ist? Und weiter: Was wäre das für ein Gott, der damit droht, ganz wesentliche menschliche Beziehungen, also die zwischen Vater und Sohn, in dieser Art zu zerstören? Beschreibt uns die Bibel hier tatsächlich einen Gott, der Gehorsam befiehlt bis hin zu

Sadismus und zur Grausamkeit? Sollte diese Opferung tatsächlich der Wunsch Gottes gewesen sein, dann wäre es das existenziell Bedrohlichste, was möglich wäre, um Gott zu gehorchen. Dann wäre dem Sadismus und der Gewalt im Namen Gottes Tür und Tor geöffnet.

Es ist deshalb eine zentrale Frage, die sich jeder religiöse Mensch zu stellen hat, was Gehorsam gegenüber Gott ist. Und wenn wir diese Frage nicht wirklich beantworten, dann verstehen wir etwas Wesentliches in der Bibel nicht. Am einfachsten wäre es, wenn wir uns unserer individuellen Verantwortung nicht stellen wollen, die Frage an die soziale Gruppe oder an das Kollektiv zu delegieren. In der Regel wäre es dann die Gruppe, die Gemeinde der Gläubigen bzw. die Kirche, die sagt, wie ein entsprechender Gottesbefehl auszulegen ist. Im christlichen Abendland hat aber gerade dieses Vorgehen eine lange und schlimme Tradition: zu gehorchen, wegzuschauen, den Kopf in den Sand zu stecken und sich zu weigern, eine eigenständige Position zu entwickeln. In der Kirchengeschichte gibt es unzählige Beispiele von blindem Gehorsam, die viel Unheil angerichtet haben. Insbesondere nach den Erfahrungen des Nationalsozialismus muss uns ein solcher blinder Gehorsam unheimlich geworden sein.

Wir wünschen uns heute in den Schulen für unsere Kinder eine Pädagogik, die Mut macht, an sich selbst zu glauben und die Sensibilität für eigene Entscheidungsfähigkeit einübt. Wir wünschen uns, dass jeder Mensch zu den Dingen Zugang findet, an denen er wachsen und reifen kann. Menschliches Lebensglück ist davon abhängig, ob dies in den entscheidenden ersten zehn Lebensjahren gelingt. Aber, so könnte man einwenden, besteht dann nicht die Gefahr, dass eine solche Perspektive den Egoismus fördert? Selbstfindung und Selbstverwirklichung kann durchaus auch heißen, auf die Umwelt und Mitwelt nur bedingt zu reagieren. Jeder Mensch muss jedoch auch lernen, sich in seinem erwachsenen Leben in unterschiedlicher Weise auf Situationen einzulassen und sie auszuhalten bzw. Opfer zu bringen.

Wenn wir einen Blick auf die Kulturen und Religionen der Welt werfen, wird in vielen sehr genau beschrieben, wie Opfer gebracht werden müssen, um Glück zu gewinnen. Bei den Azteken waren Menschenopfer nötig, um die Sonne zum Leuchten zu bringen. In der griechischen Antike beschreibt der Dramatiker Aischylos, dass Agamemnon seine Tochter Iphigenie zu opfern habe, damit die Windstille beseitigt werde, um die Schiffe vor Troja in Fahrt zu bringen. Im Buch der Richter im Alten Testament wird erzählt, dass Jiftach auszieht, um Israel gegen den Angriff der Feinde zu verteidigen, und er verspricht, dass er bei einem Sieg aus Dankbarkeit für das Glück im Kampf seine eigene Tochter opfern wird. So altertümlich und legendenhaft das klingt, ist es nicht dennoch ein Teil unserer Wirklichkeit?

Wenn wir uns in unserer unmittelbaren Nähe oder in unserer Gesellschaft umblicken, gibt es viele Menschen, die glauben, etwas opfern zu müssen, um Größeres zu erreichen. Eltern erklären auch heute noch ihren Kindern, dass sie Verzicht üben müssen, bevor sie »richtig leben« können: Erst muss ein Haus gebaut werden, erst muss die wirtschaftliche Lage gesichert sein. Bevor etwas angeschafft wird, muss gespart werden. Das Leben vertröstet sich auf morgen, und ein Tag nach dem anderen wird für eine Zukunft geopfert, die möglicherweise nie eintritt.

Wie viele von uns hatten schon den Gedanken: Diese Situation muss ich jetzt aushalten. Ich muss mich ein- und unterordnen, mich unter Umständen auch quälen und missbrauchen lassen, damit ich in eine bessere Zukunft komme. Das Gefühl, Opfer bringen zu müssen, um sich im Leben und in der Gesellschaft einen angestrebten Platz zu erwerben, scheint für viele Menschen normal zu sein. Ohne Schmerz gibt es kein Glück. Das heißt aber auch, dass eine Form des verinnerlichten Sadismus zu den Selbstverständlichkeiten unseres Lebens gehört. Wenn wir das auf die Religion übertragen, sehen wir, dass es noch immer viele gibt, die glauben, näher bei Gott zu sein, indem sie ihre Triebregungen, ihre Neigungen, ihre Vorstellungen und Fantasien, die sie als unmoralisch empfinden, opfern.

Versuchen wir nun die Geschichte Abrahams und Isaaks auf eine andere Weise zu verstehen und an die Stelle des Gehorsams und des Opfers einen anderen Blick zu setzen. Abraham wird von Gott in eine Lage gebracht, in der er nicht einmal seiner Frau Sara erklären kann, welchen Befehl er erhalten hat. Ethisch betrachtet ist das, was er tun soll, ein Verbrechen. So versucht der Patriarch die argwöhnische Frau und Mutter zu hintergehen. Er sagt zu Sara: »Bereite uns Speise und Trank, wir wollen essen und fröhlich sein!« Als sie dann mitten im Essen waren, sagte er: »Du weißt, dass ich im Alter von drei Jahren meinen Schöpfer erkannt habe; der Knabe ist nun groß und ist nicht eingeweiht. Es gibt aber einen Ort, nicht sehr weit von uns, wo selbst die Knaben eingeweiht werden. Ich will ihn nehmen und dort einweihen.« Sie antwortet: »Gehe in Frieden.« Er brach schon morgens früh auf, da er Angst hatte, dass seine Gemahlin Verdacht schöpfen könnte, dass irgendetwas nicht stimmt. Die Angst, die Sara um ihren Sohn hat, zeigt sich dann später in der fürsorglichen Liebe des Sohnes zu seiner Mutter. Diese kommt in der letzten Bitte Isaaks bei seiner Bindung zum Ausdruck: Er fürchtet, die Nachricht von seiner Opferung könnte die Mutter zu einer tödlichen Kurzschlusshandlung veranlassen. Tatsächlich ist es dann auch so, dass Sara im Folgekapitel stirbt, möglicherweise als Reaktion auf Isaaks Bindung, wenngleich die Opferung nicht vollzogen wird.

Insofern wäre der Tod Saras durchaus auch als ein Gradmesser der latenten Grausamkeit des göttlichen Befehls und väterlichen Gehorsams zu verstehen. An dieser Stelle ist es nun aber wichtig zu fragen, wie von Gott gesprochen wird. Wenn wir uns fragen, was Gott will, so könnten wir darauf verweisen, dass es wichtig wäre, die Zehn Gebote einzuhalten. Es ist nötig, zumindest die Bergpredigt zur Kenntnis zu nehmen, um danach zu leben. Dies wären zumindest zwei wichtige Aspekte, die aus der Bibel direkt herauszulesen sind.

Für viele Menschen spricht Gott aber auch dadurch, wie Theologen und die Kirche ihn auslegen, also durch eine Gruppe. Für den Einzelnen ist nichts weiter vorgesehen, als sich daran zu halten. Entscheidend müsste aber doch eigentlich sein, in Gott eine Person wiederzufinden, die unserer menschlichen Person etwas zu sagen hat. Das heißt, Gott müsste sich im Dialog, im direkten Gespräch, im Gebet einem Menschen zuwenden und mit ihm ihn Kontakt treten. Daraus könnten sich dann Wahrheiten entwickeln, die nur im Einzelfall gelten und die in der Außenwelt nicht mehr zu rechtfertigen wären. Es gibt viele Menschen, die nur darauf warten, dass sie aus ihrer Einsamkeit heraus einmal darüber sprechen können, wie sie sich fühlen und wie sie die Welt, in der sie leben, empfinden. Dabei geht es nicht darum, eine Erklärung zu finden, warum etwas Tragisches oder Schlimmes passiert ist, sondern häufig nur darum, dass da jemand ist, der sagt: »Ich möchte bei dir sein, ich möchte dich verstehen.«

Viele befinden sich in ausweglosen Situationen und müssen Entscheidungen treffen, die schwierig sind, die aber das Leben ihnen abfordert. So erzählte mir ein Mann, wie sehr er darunter leidet, seine Frau und seine Kinder verlassen zu haben. Er spürte, dass seine Wesensart sich nicht mit den Vorstellungen vertrug, die seine Frau von ihm hatte. Gleichzeitig hing sie aber sehr an ihm und konnte ohne ihn nur in Panik und Angst leben. Auch seine Kinder schienen nur schwer zu verstehen, dass er sie verließ. Und dennoch, so meinte der Mann, war es das Beste, was er tun konnte. Wäre das nicht ein Beispiel, um zu begreifen, was es bedeutet, alles abgeben zu müssen, damit es im Leben gut weitergehen kann? Wenn das so wäre, dann sind wir ganz nahe bei der Geschichte von Abraham. Ich meine, man muss sie so verstehen, dass ein Mensch sich ganz in das Gefühl hineinbegibt, was Gott sein könnte. Das ist der ganz unmittelbare Dialog zwischen Gott und einem Individuum. Da steht ein einzelner Mensch vor seinem Gott, und nur in dieser Beziehung entwickelt sich etwas, was passend und richtig ist. Daraus ließe sich folgern, dass das Ende all der Vorstellungen gekommen ist, in der wir den göttlichen Willen in das Ethisch-Allgemeine aufheben und Religion für eine Funktion der Moral erklären. Der Einzelne vor seinem Gott würde heißen, dass die Personalität Gottes und unsere eigene Person ins Zentrum des Geschehens rücken. Das ist doch aber auch das Großartige an Abraham, dass er das Äußerste wagte und sich in seinem Glauben verankert wusste. Glauben, das ist die Verheißung Gottes an Abraham aus dem zwölften Kapitel der Genesis, ein zahlreiches Volk zu werden. Abraham hörte nicht auf, an Gott zu glauben für dieses Leben, das er zur Verfügung hatte. Das ist die Größe dieses Mannes. Zeichnet das nicht einen gläubigen Menschen aus, dass er hofft, dass Gott ihm alles zurückgibt, was er im Begriff war wegzugeben? Ist es nicht ein ungeheurer Gedanke, sich Gott so anzuvertrauen und sich tragen zu lassen, bis zum Wiedererhalt von allem, was verloren schien?

Abraham steht mitten im Leben, als ihm am Berg Morija zugemutet wird, seinen eigenen Sohn zu opfern. Das scheint mir wie ein Bild für das, was wir lernen müssen: Der Glaube Abrahams beginnt gerade damit, dass in seiner Person etwas Besonderes ist mit einer großen Zukunft, die ihm gilt. Seine Größe wird die eines Stammvaters sein. Was der Gott der Bibel will, ist ein Vertrauen auf das Individuelle in unserer Person. Darum geht es an dieser Stelle und viel weniger um Isaak als um Abraham selbst. Er muss lernen zu sein, selbst wenn sein Sohn nicht wäre. Nur er selbst mit seinem Leben ist gemeint. Es gibt viele Eltern, die ihre Kinder hinaus in eine Zukunft gehen lassen müssen, die sie nicht kennen. Für sie ist es, als ob ihr Sohn oder ihre Tochter ihnen stürben. Sie müssen lernen, dass die Freiheit eines anderen Menschen wichtiger ist, als das Liebste bei sich behalten zu wollen. Kinder finden zu ihrem eigenen Leben nur, wenn die Eltern lernen, selbst zu sein. Dieses Moment einer radikalen Herauslösung aus dem Verband der Generationenkette geschieht hier, indem Abraham Gott zurückgibt, was er von ihm bekam. Dann ereignet sich das Wunder des wiedergewonnenen Lebens. Es kann sein, dass Kinder im eigenen Haus bleiben, gerade weil man sie freigelassen hat. Es ist möglich, dass sie gerne wieder zu Besuch kommen, einfach weil sie spüren, dass ihre Eltern ihre Angst um sie durch Vertrauen besiegt haben. Für Eltern ist es wichtig zu spüren, dass ihre Kinder nie ihr Besitztum sind. Sie wurden lediglich geliehen, wie ein Geschenk, das zurückgegeben werden soll in die Hände dessen, der es gab. Aber das ist nicht das Ende, das ist nicht der Tod, sondern das ist das wirkliche Leben.

Wenn wir die Erzählung von Abraham so lesen, dass sie der Selbstfindung und dem durchaus irdischen Glück dienlich statt widersprechend wird, dann öffnet sie sich auch zu der Interpretation des Jesus von Nazaret über das Heilige Buch seines Volkes. An vielen Stellen des Alten Testaments hören wir, dass Opfer darzubringen sind als Rituale der Versöhnung. Und immer bleibt dann das Gottesbild zwiespältig zwischen Grausamkeit und Mitleid, zwischen Sadismus und Erbarmen, zwischen Strenge und Gnade. Wir haben Mühe, damit zurechtzukommen. Ein solches Gottesbild würde von uns Dinge verlangen, die möglicherweise unmenschlich sind, da wir uns in Pflichten verstricken auf Kosten der unmittelbaren Mitmenschlichkeit.

Genau das wollte Jesus verändern. Er wies immer wieder darauf hin, dass die Zwiespältigkeiten nicht in Gott liegen, sondern in uns selbst, in unserer eigenen seelischen Struktur. Sie spielen sich in uns ab. Niemals dürfen wir sie in Gott hineinprojizieren.

Zum Schluss noch ein Gedanke von Eli Wiesel, dem bedeutenden jüdischen Philosophen des 20. Jahrhunderts, der die Geschichte Abrahams und Isaaks als ein Modell der Leidensbewältigung für das jüdische Volk verstand. Er formulierte in etwas so, dass die Erzählung in ihrer Zeitlosigkeit von höchster Aktualität sei. Er meint: Wir kannten Juden, die – wie Abraham – ihre Söhne haben umkommen sehen im Namen dessen, der keinen Namen hat. Wir kannten Kinder, die – wie Isaak – dem Wahnsinn nahe, den Vater auf dem Altar haben sterben sehen in einem Feuermeer, das bis zum höchsten Himmel reichte. Als Identifikationsfigur für Verfolgte überdauert die Bindung Isaaks Jahrhunderte und sie umfasst die gesamte jüdische Geschichte. Als wandelten Abraham, Sara und Isaak noch auf der Erde.

Bedingungsloses Vertrauen auf Gott

Bernd Deininger

# Recht und Gerechtigkeit –
# Tamar rettet mit ihrem Handeln den
# Stamm Juda

## GENESIS 38,1-30

Im Stammbaum Jesu, der sich im ersten Kapitel des Matthäusevangeliums findet, sind vier Frauen namentlich in der Liste der Generationen erwähnt. Es handelt sich um Tamar, Rahab, Rut und Batseba. Ihr Leben wird in der Bibel nur mit spärlichen Sätzen gestreift, dennoch lohnt es sich, diesen Frauengestalten nachzugehen, denn hier offenbart sich der eigentümliche Weg Gottes mit den Menschen besser als in vielen anderen Schriften.

Es geht dabei nicht um historische Informationen, sondern um Schilderungen menschlicher Schicksale. Diese Geschichten sind zusammengetragen aus den Mythen, Legenden und Märchen von Völkern zu allen Zeiten und daher eignen sie sich zur Erklärung und zur Deutung des Lebens zu jedem Zeitpunkt innerhalb der Geschichte.

Die Namensliste im Matthäusevangelium beinhaltet primär eine Aussage über die Bedeutung Jesu. Es geht nicht um Blutsverwandtschaft, sondern um eine geistige und spirituelle Verbundenheit mit den Ahnen. Darauf hat später auch Jesus in Matthäus 12,50 selbst hingewiesen: »Wer den Willen meines himmlischen Vaters erfüllt, der ist für mich Bruder und Schwester und Mutter.« Mutige und unkonventionelle Frauen sind Jesus als Ahninnen vorausgegangen. Frauen voller Initiative, auch unter schwierigen Bedingungen, die die Außenwelt ihnen bereitete. Dabei fällt auf, dass sie nicht auf einen Gott gewartet haben, der aktiv etwas für sie tut und zu dem sie sich passiv verhalten können, sondern sie haben in einem großen Vertrauen zu Gott selbst in der für sie richtigen Zeit das Heft in die Hand genommen.

Sehen wir uns dazu Tamar an: Sie wird in der Bibel als eine Frau von erschütternder Größe dargestellt. Zuerst fällt ihre große Tatkraft auf. Sie redet nicht viel, sondern sie handelt. Sie versucht, ihr Leben und das Weiterleben dadurch zu sichern, dass sie die Grenzen von Recht und Konvention überschreitet und neu interpretiert. Dabei handelt sie bewusst und strategisch. Sie riskiert mit ihrer Aktivität die völlige Ausgrenzung aus ihrem sozialen Umfeld und setzt sich sogar der Gefahr ihres eigenen Untergangs aus. In hervorragender Weise gelingt es ihr, ihre Weiblichkeit und Fruchtbarkeit dafür zu nutzen, um damit das Leben zu sichern – ihr eigenes Leben, das ihrer Kinder, ihrer Sippe und ihres Stammes, gerade auch in den patriarchalen Verhältnissen, in denen sie lebte.

Wie soll man das Wesen dieser Frau, die im Leben der Juda-Söhne so vieles verkörperte, beschreiben? Sie steht sowohl für die Liebe wie für den Tod, für den Aufstieg wie für den Fall. Das wahre Geheimnis, das in ihrem Inneren wirkte, war ihre Unruhe nach Gott, nach dem neuen Gott der Hebräer, und ihr unabänderlicher Wille, sich in seine Geschichte mit den Menschen »hineinzudrängen«. Insofern war Tamar eine Sucherin nach einem Gott, der ihr die Möglichkeit gibt, sich zu entfalten, und der ihr Handeln und ihr Leben unterstützt und sie trägt.

An vielen Orten der Welt trifft man Menschen, die den wahren Gott suchen, die von einer inneren Unruhe getrieben sind, endlich das zu finden, was sie spirituell beruhigt. Auch Tamar kannte diese Unruhe und Suche. Sie war in einem Dorf aufgewachsen, wo sie durchaus religiöse Riten und Traditionen kennenlernte. Aber ihre innere Suche reichte weiter als das, was sie dort über Gott gehört hatte. Sie kam mit den Fruchtbarkeitsgöttern nicht aus, denn ihre Seele erriet, dass noch etwas anderes in der Welt war und angestrengt spürte sie ihm nach.

Als eine stolze, eine mit dem Durchschnittlichen nicht zufriedene Frau scheint sich Tamar in der Geschichte Israels zu präsentieren. Sie will einen der Söhne Judas zum Gemahl haben, und Juda selbst willigte in ihren Plan ein. Die Bibel sagt nur: »Juda freite seinem Erstgeborenen Er ein Weib mit Namen Tamar« (Gen 38,6). Aber kaum war die Ehe geschlossen, stirbt er – eine Gottesstrafe, wie es heißt.

Eine Frau mit einem gewöhnlichen Charakter hätte sich nach so einer Strafe – zumindest wurde der Tod eines jungen Menschen damals oft so gedeutet – zusammengeduckt und sich gedemütigt wieder als junge Witwe in das Haus der eigenen Eltern zurückbegeben.

Aber eine Frau wie Tamar konnte und wollte sich damit nicht abfinden. Sie ertrug es nicht, mit ihrem kühn ersonnenen Plan, dem auserwählten Volk als Frau und Mutter anzugehören, und dann doch so bald schon als eine Gescheiterte dazustehen. Und so ergibt sich Juda ein zweites Mal ihrem Willen, indem er seinen zweitältesten Sohn Onan der Schwiegertochter zum Mann (Leviratsehe) gibt. Das war ein geschriebenes Recht, eine eigene Institution in der jüdischen Religion: Wenn ein Mann stirbt und keine männlichen Nachkommen hinterlässt, muss sein Bruder mit der Witwe einen Sohn zeugen, damit der Name des Mannes nicht ausstirbt. Dieser Sohn zählt als Sohn des Verstorbenen. Gleichzeitig wird durch ihn auch die Existenz der Witwe im Alter abgesichert. Oberstes göttliches Gebot ist also, dass das Leben weitergeht. Und indem dem Schwager ein Sohn gezeugt wird, ist auch der Schwägerin ein menschenwürdiges Alter möglich.

Statt ihre Witwenschaft zu betrauern, verlangt Tamar also Onan, den Schwager, zum Mann. Aber das war nicht der Wille Onans. Schon damals, so scheint es, liebte Juda heimlich die Schönheit seiner Schwiegertochter und vielleicht gab er ihr seine Söhne nur in die Ehe, um sie, Tamar, näher bei sich zu haben, sodass die Schwäche seines Entschlusses der Stärke seiner verborgenen Neigung entsprach. Es könnte sich also in Wahrheit um eine Geschichte leidenschaftlichen Ringens und Drängens gehandelt haben.

Onan jedoch verzagte an dieser Aufgabe, anstelle seines Bruders den doppelten Ersatzmann zu spielen, also an Tamars Seite fruchtbar zu sein und seiner Schwägerin und Gemahlin Kinder zu zeugen, die wiederum nicht seine eigenen, sondern rechtlich die seines erstgeborenen Bruders gewesen wären. Daher, so sagt es die Bibel, »ließ er es, wenn er zum Weibe seines Bruders ging, auf die Erde fallen und so verderben, um seinem Bruder nicht Nachkommen zu verschaffen« (Gen 38,9). Dennoch wäre es falsch, Onan als einen bloßen Versager zu bezeichnen, einen, der impotent und unfruchtbar gewesen wäre. Es lag zu viel Trotz und geheimer Protest in seinem Verhalten, als dass man es nur als Schwäche deuten könnte. Zum einen wollte er nicht in der Art einer Delegation die Leidenschaft des Vaters leben, zum anderen dürfte er auch den starken Rivalitätsgefühlen seines Vaters nicht gewachsen gewesen sein. Der Vater hätte es möglicherweise nicht ertragen, sich seinen Sohn in Lust mit Tamar vorzustellen. Er selbst wollte einmal irgendwann diese Lust ausleben, als starker Stammesführer, der dieser Frau Kinder zeugt, die dann eine geschichtliche Bedeutung gewinnen.

Onan weigerte sich also, sich auf den ödipalen Konflikt mit dem Vater einzulassen. Und Gott »bestrafte« das, indem er auch ihn schon bald vom Tod hinwegraffen ließ. Zum anderen zeigt sich Juda aber in dieser Geschichte auch als Egoist, insbesondere dann, wenn er um seinen dritten Sohn fürchtet, den er Tamar vorenthält, mit der Ausrede, er sei noch zu jung. Er erfüllte das geltende Recht nicht, vermutlich getrieben von der Angst, Tamar könnte am Tod beider anderen Söhne schuld gewesen sein. Aber auch Onan handelt egoistisch, wenn er seinem Bruder keine Erben gönnt und damit verantwortlich dafür ist, dass dessen Familie ausstirbt. Insofern ist Onan im Bereich des Egoismus mit seinem Vater identifiziert.

Nach diesem zweiten Tod zeigt nun Tamar in noch bewundernswerterer Weise ihre Größe. Es war ihr zwar nicht gelungen, Juda dazu zu bringen, ihr auch noch den dritten Sohn zu geben, aber dennoch zog sie sich nicht zurück und gab nicht kampflos auf. Sie wollte ihr Leben nicht ungelebt lassen. Sie weigerte sich, lebendig ins Grab zu sinken wie andere junge Witwen.

Sie wollte dem Gott Israels angehören und darum kämpfen. Darin unterscheidet sie sich von anderen Frauen in der Bibel, die sich, wenn sie ein Schicksal erlitten hatten oder auch schwer narzisstisch gekränkt wurden, zu Mord und Todschlag hinreißen ließen – zum Beispiel Salome, die im Tanz einen König zu Schwur und Prophetenmord hinreißt. Tamar hat nichts gemein mit diesen Frauen. Nicht dem Tod, sondern dem Leben hat sich Tamar verschrieben. Und wenn es in ihr eine Besessenheit gibt, so gilt sie der unerhörten Entschlossenheit, sich dem doppelten Fluch niemals zu ergeben und trotz allem teilzuhaben an der Geschichte des Heils ihres Wahlvolkes. Wie sie, die zweifach Gestrafte, nicht aufhört, an die Kraft ihres Lebens zu glauben und sich einsetzt für ihre unmöglich scheinende Hoffnung, indem sie sich hinwegsetzt über jedes Recht, um sich Recht zu verschaffen, gegen den Gang der Geschichte, das macht aus dieser Frau eine unheimliche Größe, die ihresgleichen sucht. Sie lässt sich nicht von ihrer Trauer, ihrer Verzweiflung und ihrer Schande niederdrücken, sondern entwickelt einen Trotz und ein Verlangen, aus diesem Leid herauszutreten. Für ihr eigenes Überleben und für den Namen ihres Mannes greift sie also zu einer List als letzte Chance, um zu Nachkommenschaft aus der Linie ihres Mannes zu kommen. Nur Menschen, die man bis zum Äußersten treibt, werden wie Tamar das Äußerste wagen. Aber nur große Menschen schaffen es, in dieses Äußerste zu gelangen, als ob es einerseits Fluch, andererseits eine Gnade wäre.

So gingen viele Tage dahin, bemerkt die Bibel lakonisch, und Judas Gemahlin starb. Das kommt Tamar zu Ohren, und diese Liebe entbehrende Witwe, diese Frau voll Kraft und Stärke fühlt sich rasch in die einsame Witwerschaft ihres Schwiegervaters ein, so, als sei er schon längst ihr intimster Vertrauter. Sie spürt, dass jetzt die Stunde gekommen ist, um dem scheinbaren Ende der Stammeslinie Judas doch noch einen unerhörten Neuanfang zu geben. Aber der Weg bis dahin ist äußerst schwierig.

Mit Schela, dem Jüngsten, ist nicht zu rechnen, doch Juda, der Frauensüchtige, der Lebenslustige und Triebhafte, wie könnte er leben ohne neues Begehren? Es war für Tamar nicht möglich, ihn auf legalem Weg in die Ehe zu locken. Also ersinnt sie eine List: Es findet ein Schafschurfest statt und Juda begibt sich dorthin. Ein solches Fest, das bedeutet Hitze und Schweiß, Alkohol und Männerwitze, und nach Ende der Arbeit den Wunsch nach verdienter Belohnung. Jeder Mann wusste, dass bei solchen Festen die Triebschranken erniedrigt sind und dass jede Gelegenheit genutzt wird, um zur Befriedigung zu kommen. Das ist die Chance für Tamar. Sie verkleidet sich als Dirne und nimmt, als Juda zu ihr kommt, von ihm als Pfand seinen Siegelring, eine Schnur und den Stab, bevor sie ihn zu sich einlässt. Im Dunkel der Nacht lebt Juda seine Begierde aus und sein Begehren ist so stark, dass er die Schwiegertochter nicht erkennt. Er befindet sich im Taumel seiner Sinne. Aber es ist nicht nur sein Trieb, der ihn zu dieser Frau drängt, die ihn mit unglaublicher Macht anzieht, sondern es ist seine Seelenverwandtschaft, die er mit ihr teilt, seitdem sie in seine Familie eingetreten ist. Im Dunkel der Nacht ist es Juda möglich, seine Liebe und Leidenschaft dieser Frau gegenüber zuzulassen. Am Morgen, im Lichte des Tages, schämte sich Juda, und was eben noch ist wie ein heiliges Tun, wie ein Gottesdienst im Taumel der Sinne, das wirkt jetzt beim Dämmern des Morgens wie eine Tat, die man besser verhüllt.

Als Juda einige Monate später hört, dass seine Schwiegertochter schwanger geworden sei, will er sie bestrafen. Es ist eigentümlich, was in Menschen, in Männern vermutlich besonders, vorgeht, sobald sie mit dem Recht in Berührung kommen. Sie selbst können es gerade noch gewesen sein, die sich heimlich vergingen, doch besteht in der Öffentlichkeit scheinbar die Pflicht, das eigene Tun, wenn es peinlich wird, nach Möglichkeit zu verleugnen und die Gefühle im Inneren zu verschweigen. Immer noch scheint es, als bestünde das, was wir Moral und Recht nennen, in nichts anderem als in der Angst vor öffentlicher Strafe und in der Wahrung des guten Scheins. Derselbe Juda, der sich nicht scheute, mit einer der Dirnen Kanaans die Nacht zu verbringen, gibt sich jetzt rigoros mit seiner Schwiegertochter: »Führt Tamar hinaus, sie soll verbrannt werden.«

Man könnte meinen dieser Text sei wie geschaffen, uns den Wahnsinn der Hexenprozesse zu erklären: Man fürchtet die Frau, die man begehrt, aufgrund einer Moral, die das Begehren verbietet, und so wird bald aus der verbotenen Liebe eine unheimliche Kraft. Die heimlich Geliebte hört auf, ein Mensch zu sein – der eigenen Seele erscheint sie als ein seelenloser Gegenstand der Lust, als die Projektionsgestalt aller abgewehrten Wünsche. Juda zum Beispiel kann eine ganze Nacht bei seiner Schwiegertochter verbringen und er erkennt in der Dumpfheit seiner Sinne nicht einmal ihre Stimme, nicht ihre Augen und Hände, für ihn ist sie eine Nacht lang keine Person, nur ein Geschlechtsding. Doch jetzt, wo sie dasteht als Frau, als werdende Mutter, erscheint sie ihm so schuldig, dass sie den Tod verdient hat. Das Feuer der Leidenschaft materialisiert sich in der Strafe des Mannes über der Frau im Feuer des Todes. Tamar als Vampir, Tamar als Hexe – was Tamar nie war, als das gilt sie jetzt.

Schon scheint Tamar am Ende, doch dann offenbart sie ihrem Schwiegervater Juda über die Pfänder, mit wem er die Nacht verbracht hat. So ungeheuerlich war das Verbrechen, das Tamar begangen hatte, dass man sie freiließ; und abermals formten sich Unrecht und Recht nach dem Maß ihres Willens. War sie denn wirklich eine Schuldige? Schuldig war Juda, doch nicht, wie man sah, wegen seines verwegenen Abweges – da war er lediglich das Opfer eines Handels geworden, dessen Bedingungen er zu spät verstand; wohl aber, weil er aus Angst sich nicht traute, seinen längst erwachsenen Jüngsten, Schela, Tamar zum Mann zu geben, aber auch, weil er sich sein Begehren, seine Leidenschaft und seine Zuneigung zu seiner Schwiegertochter nicht eingestehen konnte. Seine Begierde konnte er leben, aber er hatte Angst, sich auf eine Beziehung mit dieser Frau einzulassen, die so viel Stärke und Durchsetzungskraft hatte.

So kann also ein Mensch schuldig werden gegenüber dem Gesetz und doch recht haben vonseiten des Lebens. So kann ein Mensch sich erniedrigen bis zur Grenze des Schamlosen und er bewahrt doch gerade so seinen Stolz. Wenn Tamar nach Recht und Gesetz gehandelt hätte, wäre das ihr sicherer Tod gewesen, ohne Freude hätte sie ihr Leben beendet. Ohne Tamars mutige Tat wäre aber auch die Geschichte Gottes mit dem Menschen selbst zu Ende gewesen, noch ehe sie richtig hätte beginnen können. Die Heilsgeschichte, so müssen wir denken, vollzieht sich in den Menschen spätestens mit dem Mut der Verzweiflung, das Äußerste zu wagen und lieber den Tod zu riskieren, als sich mit einem Leben zufrieden zu geben, das kein Leben mehr ist.

Mutige Tamar! Wie viele Frauen gibt es, die ihre Schwestern sein könnten – in ihrem Elend wie in ihrem Stolz! Tamar zeigt, dass es immer Hoffnung gibt und dass es sich lohnt, mutig zu sein. Es scheint Forderungen des Daseins zu geben, die verbindlicher sind als alle Mahnungen der Moral, und wirklich selbst zu leben ist offenbar die erste und vordringliche Aufgabe des Lebens. Denn aus lauter Angst nicht wirklich im Hier und Jetzt zu sein, scheint die einzige Schuld, die das Leben niemals vergibt.

Tamar bringt Zwillinge zur Welt – wie geschaffen, um exemplarisch darzustellen, in welcher Zweiheit sich Tamar innerlich befindet. Perez und Serach werden die Söhne heißen und sie werden um ihre Erstlingsschaft kämpfen. Von Perez aus wird die Linie der Generationen weitergehen. Denn, so sagt die Bibel in Matthäus 1,3:

»Perez zeugte Hezron, Hezron den Aram ...« Am Ende muss man Gott danken, dass es Tamar gab. Was aber Tamar war, das wurde sie durch ihren Mut, ihre Entschiedenheit und ihren Stolz. Selbst wenn man sie verbrannt hätte und es nie einen Messias gegeben hätte – das Leben gäbe ihr Recht. Das Leben stünde auf ihrer Seite. Alles, was jemals Recht heißen will, muss sich messen lassen an dem Anspruch, den sie selbst ans Leben stellte. Selbst die Hoffnung eines von Gott auserwählten Volkes gestaltet sich nur durch das Glück von Einzelnen, die es gegen alle Einsprüche wagen, so intensiv zu leben, als es irgend geht. Die Fantasie, die Initiative und die Risikobereitschaft Tamars – sie hätte es auch mit dem Leben bezahlen können – werden in der Erzählung eindeutig gewürdigt. Denn im Gegensatz zu den Männern der Geschichte war Tamar nicht von Angst und Egoismus gelähmt, sondern hat ihren guten Ruf riskiert und dafür gesorgt, dass das Leben in Zukunft weitergeht. Auch das zeigt uns die Geschichte: Das Handeln der Frauen und die Stimme Gottes rufen die Männer in die Übernahme ihrer Verantwortung, so wie es mit Juda geschehen ist. Gott hilft denjenigen, die bereit sind, sich selbst zu helfen. Darin scheint Gott durch, der sich entschieden auf die Seite der Entrechteten stellt, die Ohnmächtigen tröstet und Mächtige auf den Boden der Realität zurückholt. Erst zuletzt, erst als Juda auch zu seinen inneren, oft peinlichen Gedanken und Gefühlen stehen kann, er sie vor Gott bringt und dann mutig und vertrauensvoll mit ihnen umzugehen lernt, hat er die Reife eines wirklichen Stammesführers erreicht.

Anselm Grün

# Worte des Gerichts –
# Verdammnis oder Verheißung?

## JESAJA 1,27-31 UND 2,1-5

Der alttestamentliche Prophet Jesaja verkündet immer wieder das
Gericht über das Volk Israel. Im nach ihm benannten Buch der Bibel wird deutlich: Gott ist nicht einfach ein »lieber Gott«, sondern
einer, der Gericht hält über die Völker. Und die Menschen haben es
selbst in der Hand. Wenn sie umkehren und nach Gottes Weisungen
leben, dann wird Gott ihnen Heil schaffen. Doch »wer den Herrn
verlässt, wird vernichtet« (Jes 1,28).

Uns erscheinen diese Gerichtsworte heute allzu hart. Ist Gott so
streng, dass er wirklich Gericht hält über die Menschen? Und was genau bedeutet das Gericht Gottes? Im vorliegenden Text bezieht sich
die Ankündigung des Gerichts auf die Eichen und die heiligen Hai-
ne, die dem Volk offensichtlich gefallen. Damit meint der Prophet
Naturkulte, die mit Sexualriten verbunden waren. Sie wurden unter
Bäumen vollzogen. Man erhoffte sich von diesen Riten eine Steigerung des eigenen Lebens: »Der grüne Baum galt als Symbol für Vi-
talität und Fruchtbarkeit« (Rudolf Kilian, Jesaja 1–12, in: Die neue
Echterbibel, Würzburg 1986, 28). Doch der Prophet ist überzeugt,
dass diese Riten nicht das bewirken, was sie versprechen. Vielmehr
werden die, die auf solche Praktiken setzen, zugrunde gehen »wie ein
Garten ohne Wasser, der dürr dem Feuer anheimfällt« (ebd. 28). Der
Glaube, der damals dahinterstand, ist uns auch heute nicht unbe-
kannt. Die Natur spielt in unseren Zeiten wieder eine große Rolle
und sie gehört sicher zu einer gesunden Spiritualität dazu. Sie ist die

Lehrmeisterin, die uns in die Kunst des Lebens einführt. Doch heute bleiben manche Menschen dabei stehen. Die Natur ist für sie zwar etwas Göttliches, aber sie stoßen nicht vor zu dem Gott, dem Schöpfer aller Natur, der zwar in seiner Schöpfung ist, aber auch über ihr steht und der sich auch oft jenseits aller Natur offenbart.

Ein anderer Aspekt dieses Textes bei Jesaja: Wenn die Menschen sich auf Gottes Weisung einlassen, dann besteht Hoffnung, dann gelten ihnen die Verheißungen, die der Prophet in Jesaja 2,1–5 beschreibt. Uns scheinen diese Verheißungen allzu schön, um wahr zu sein. Der Prophet möchte sein Volk mit solchen Verheißungen trösten. Aber seine Worte sind auch mehr als ein Trost. Sie haben eine Kraft in sich. Sie können etwas in der Welt bewirken. Wir hören diese Texte vor allem in der Adventszeit im Gottesdienst. Da schauen wir auf die Zukunft, auf das, was wir zu erwarten haben. Unsere politische Situation gleicht in manchem sicher der Situation, in der das Volk Israel sich befand, als Jesaja zu ihnen sprach. Viele waren damals in die Gefangenschaft verschleppt worden, es gab in Israel selbst nur noch so etwas wie den »heiligen Rest« des Volkes. Wenn wir diesen Text heute auf dem Hintergrund der kirchlichen Situation hören, die uns zeigt, dass die Christen immer weniger werden in Europa, dann wollen uns diese Worte nicht einlullen. Jesaja versteht sich nicht einfach als ein Prophet, der nur Gutes verheißt, um zu trösten. Aber er zeigt den Menschen, dass es immer auch Wege der Verwandlung gibt. Es liegt an Gott selbst. Er wird eingreifen, er wird etwas bewirken in dieser Welt, was der Sehnsucht aller Menschen entspricht.

Die Verheißung beginnt mit der Formel: »Am Ende der Tage wird es geschehen« (Jes 2,2). Damit ist nicht das Ende der Welt gemeint, sondern dass die Tage des Unheils zu Ende gehen, dass Gott etwas Neues schafft. Es ist also die Verheißung, dass es nicht einfach so weitergeht, dass die Mächtigen diese Welt nicht zugrunde richten. Vielmehr wird Gott selbst einen neuen Anfang schaffen. Der Prophet lenkt unseren Blick auf den Berg Zion. Er versteht ihn als den höchsten Berg, weil Gott selbst darauf wohnt. Und wo Gott wohnt, da haben die Ungeheuer der Tiefe keine Macht. Dieser Berg ist unbezwingbar. Das ist nicht nur ein Bild für Israel und den Zionsberg, mit dem Israel seine Sehnsucht nach Schutz und Heil verbindet. Es ist auch ein Bild für uns: In uns gibt es den Zion, den Gottesberg. Dort, wo Gott in uns wohnt, sind wir unbezwingbar. Dort können die Ungeheuer der Tiefe, dort können die Mächte der Unterwelt ihre Macht nicht entfalten.

Ein anderes Motiv, das uns in diesem Text begegnet, ist das der Völkerwallfahrt: Alle Völker, nicht nur Israel, wird sich auf den Weg machen, um zum Berg des Herrn zu ziehen. Daher ist es ein Text, der uns gerade heute ansprechen kann, weil alle Religionen miteinander einen Dialog führen. Im Dialog wird deutlich, dass wir alle den gleichen Gott meinen, auch wenn wir verschiedene Vorstellungen von ihm haben und von der Art und Weise, ihn zu verehren. Irgendwann – so sagt uns dieser Text – werden die verschiedenen Deutungen nicht mehr gegeneinander kämpfen, sondern sich miteinander auf den Weg machen, um dem *einen* Gott zu dienen. Diese Worte wollen uns ermutigen, auf dem Weg des Dialogs weiterzugehen. Viele haben es versucht, sich dann aber enttäuscht abgewandt. Wir brauchen immer wieder solche Ermutigungstexte, die uns darin stärken, uns gemeinsam auf den Weg zu machen zu dem einen Gott, der seine Gnade allen Menschen schenken möchte.

Noch ein anderer Gedanke schwingt hier mit: Gott möge uns seine Wege zeigen, damit wir auf seinen Pfaden gehen. Dieses Bild stammt aus der Weisheitstradition. Die Weisheit Israels will uns den Weg zeigen, der zu einem gelingenden Leben führt. Gott selbst soll uns und allen Menschen hier diesen Weg zeigen. Keiner soll mehr im Dunkeln tappen. Alle sollen den Weg finden, wie ein gutes Leben möglich ist und ein gutes Miteinander entstehen kann. Doch bei aller Offenheit für den Weg anderer Religionen betont der Text, dass von Zion her die Weisung des Herrn kommt. So bekennen wir als Christen auch, dass Jesus die Fülle der Weisheit in sich birgt. Wie Matthäus in seinem Evangelium betont, wird in Jesus die Weisheit des Ostens und Westens und die Weisheit des Südens und des Nordens sichtbar. Matthäus zeigt uns das, indem er zu Beginn des Evangeliums den Zug der Weisen aus dem Orient nach Bethlehem schildert. Die Weisen des Ostens bekennen, dass in diesem Kind Jesus die wahre Weisheit verkörpert ist, nach der die Weisen des Ostens suchen (vgl. Mt 2,1–12). Matthäus lässt Jesus sagen: »Die Königin des Südens wird beim Gericht gegen diese Generation auftreten und sie verurteilen; denn sie kam vom Ende der Erde, um die Weisheit Salomos zu hören. Hier aber ist einer, der mehr ist als Salomo« (Mt 12,42). Jesus nimmt für sich in Anspruch, dass in ihm die Weisheit verkörpert wird, die das Alte Testament dem König Salomo zugeschrieben hat. Er ist der wahre Weisheitslehrer. Als Christen glauben wir, dass wir die Weisheit Jesu erst in ihrer Fülle erkennen können, wenn wir sie auch durch die Brille des Ostens und des Südens, des Westens und des Nordens betrachten.

Es geht jedoch nicht darum, dass wir darüber streiten, wer die eigentliche Weisheit Gottes vertritt und wer die bessere Theologie und Psychologie hat. Gott selbst »spricht Recht im Streit der Völker, er weist viele Nationen zurecht« (Jes 2,4). Gott selbst ist es, »der durch sein Ordnen die Ansprüche und Verhältnisse zwischen den Völkern sachgerecht regelt und jeden zu seinem Recht kommen lässt, ihm durch seinen Schiedsspruch dazu verhilft« (Kilian 29). Wenn Gott seine Weisung allen Völkern gibt und die Völker sich nach Gottes Weisung richten, dann entsteht Frieden, dann braucht es keine Waffen mehr, dann wird jede Aufrüstung sinnlos.

Der Text beschreibt dieses Überflüssigwerden von Waffen in dem bekannten und wunderbaren Bild: »Dann schmieden sie Pflugscharen aus ihren Schwertern und Winzermesser aus ihren Lanzen. Man zieht nicht mehr das Schwert, Volk gegen Volk, und übt nicht mehr für den Krieg« (Jes 2,4). Wir denken: Schöne Worte, aber sie wollen uns einen Frieden einreden, der in der Realität nicht möglich ist. Wir erleben doch ein ständiges Wettrüsten, alle Abrüstungsverträge werden immer wieder infrage gestellt und gebrochen. Und doch haben solche Worte eine Kraft in sich.

Christian Führer, der evangelische Pfarrer, der in der Nikolaikirche in Leipzig die Friedensandachten hielt, die dann letztlich mit zum Sturz des kommunistischen Regimes in der DDR geführt haben, erzählte mir folgende Geschichte: Die Friedensbewegung in der früheren DDR hatte Textilaufkleber mit den drei Worten aus dem Propheten Jesaja gedruckt: »Schwerter zu Pflugscharen«. Im autoritären System der DDR musste jeder Druck vom Staat genehmigt werden. Doch es gab keine Vorschriften für Textildrucke. Die jungen Menschen, die sich in der Friedensbewegung engagiert haben, nutzten nun diese juristische Lücke und nähten die Buttons auf ihre Jeans oder an ihre Pullover. Diese drei Worte haben der DDR-Führung soviel Angst eingejagt, dass sie die Polizei im ganzen Land dazu verpflichtete, den Menschen diese Textildrucke von ihren Jeans und Pullovern zu reißen. Die Machthaber haben offensichtlich gespürt, dass in diesen drei Worten eine Sprengkraft steckt, die ihr ganzes Waffenarsenal entmachten könnte. Die Polizisten kamen sich lächerlich vor, diese harmlosen Aufnäher mit Gewalt zu entfernen. Sie fragten sich, warum solche Worte einem hochgerüsteten Regime Angst einjagten.

In diesem Sinn sollten wir den prophetischen Text lesen oder hören. Hier werden Möglichkeiten ausgesprochen, die in uns stecken. Die Worte wirken. Sie bewirken noch nicht sofort den Frieden. Aber sie erzeugen in uns die Hoffnung, dass sie keine reine Utopie sind. Allein die Tatsache, dass solche Worte formuliert worden sind, schafft schon eine Wirklichkeit in dieser Welt. Albert Einstein meinte: Ein Gedanke, der einmal ausgesprochen worden ist, kann nicht mehr zurückgenommen werden. So können wir auch von diesen prophetischen Worten denken. Was einmal geschrieben worden ist, schafft eine Wirklichkeit, die man nicht mehr übersehen kann. Noch immer wird der Jesaja-Text von vielen Menschen gelesen und in der Liturgie des Advents immer wieder gehört. Diese Worte schaffen in den Menschen, die mit offenen Ohren und Herzen zuhören, eine neue Wirklichkeit: die Wirklichkeit der Hoffnung. Sie sprechen unsere Sehnsucht nach Frieden an. Wir wissen, dass wir diese Sehnsucht nicht sofort selbst erfüllen können. Aber die Worte lassen uns die Wirklichkeit dieser Welt mit anderen Augen anschauen: mit den Augen der Sehnsucht. Indem wir diese Worte hören, vertrauen wir darauf, dass nicht nur in uns, sondern auch in vielen Menschen in dieser Welt diese Sehnsucht nach Frieden lebendig ist. Indem wir mit den biblischen Texten diese Sehnsucht im Menschen ansprechen, wird eine Bewegung ausgelöst, die man nicht mehr rückgängig machen kann. Da kann man noch so sehr mit rein rationalen Argumenten dagegenhalten, das sei alles Utopie und Illusion. Die Worte, die einmal ausgesprochen worden sind, sind wie ein Stachel, der unser rein rationales Denken infrage stellt.

Wir müssen immer beide Texte zusammen sehen: die Worte, die uns das Gericht Gottes androhen, und jene, die uns eine friedliche und hoffnungsvolle Zukunft verheißen. Die hoffnungsvollen Texte hören wir gerne. Bei den Gerichtsworten verschließen wir lieber die Ohren und meinen, das seien typisch alttestamentliche Texte. Doch es gilt, die Spannung zwischen den beiden auszuhalten. Gericht meint nicht, dass Gott ein willkürlicher Gott ist, der Lust hat am Strafen. Vielmehr meint Gericht, dass Gott alle Menschen auf sich hin ausrichten will. Wer sich nicht auf Gott hin ausrichten lässt, der verfällt dem Gericht, dessen Leben wird verdorren, wie es in Jesaja 1,30f ausgedrückt ist. Gott setzt uns diese beiden Worte vor, damit wir uns entscheiden: für oder gegen das Leben. Die Verheißung wird zwar von Gott verwirklicht. Aber er setzt auch Bedingungen, damit er den Menschen diese gute Zukunft bereitet.

Die Menschen, denen der Prophet Jesaja diese Worte zugesprochen hat, kannten beide Pole. Sie mussten schmerzlich erfahren, dass der Glaube an Gott sie nicht davor bewahrt hatte, dass fremde Völker, vor allem die Assyrer, das Land überfielen und viele Israeliten in Gefangenschaft entführten. Sie mussten die Zerstörung ihrer Städte mit ansehen. Die Realität schien ihren Glauben ad absurdum zu führen. Die Worte, die Jesaja ihnen verkündet, deuten die Erfahrungen der Israeliten – das Zerbrechen des Königtums, die Plünderung der Städte und das Auslöschen ganzer Regionen – als Strafgericht Gottes. Und sie deuten die hoffnungslose Lage durch ihre prophetischen Verheißungen, indem sie ihnen Mut machen, nicht nur auf die reale Situation zu schauen, nicht in Resignation und Verbitterung ihren Glauben aufzugeben. Ihr Glaube sollte vielmehr wieder geweckt werden durch die Verheißungen, die Gott dem Volk macht. Gerade dann, wenn alle menschlichen Möglichkeiten am Ende sind, vermag Gott einen neuen Anfang zu setzen.

Dieser neue Anfang gilt für die Politik, aber auch für unser persönliches Leben. Die Gerichtsworte des Propheten können wir als Beschreibung einer hoffnungslosen inneren Haltung verstehen. Wir erleben uns oft so: Alle Versuche, ein gutes Leben zu führen, scheitern an unseren psychischen Problemen, an der Unmöglichkeit, unser Leben selbst in die Hand zu nehmen. Wir sind in einer depressiven Stimmung und haben den Eindruck: Alles wird immer schlechter in unserem Leben. Wir bekommen es nicht mehr in Griff. Es hat sich zuviel Leid angehäuft. Die harten Gerichtsworte wollen uns einladen, schonungslos unsere innere Situation anzuschauen. Aber nur, wenn wir uns der eigenen Hoffnungslosigkeit gestellt haben, wenn wir am Nullpunkt eines gescheiterten Lebens angekommen sind, dann können uns die Verheißungsworte wieder aufrichten. Dann bringen sie uns in Berührung mit unserer Sehnsucht, dass auch in uns neues Leben aufblühen, dass auch in uns Frieden entstehen kann – in uns selbst und mit den anderen Menschen und der Schöpfung.

# Anselm Grün

# Gott macht einen neuen Anfang

JESAJA 12,1–13

Die Exegeten streiten sich darüber, welche Worte tatsächlich von Jesaja stammen und welche später hinzugefügt worden sind. Vieles, was im Buch Jesaja zu lesen ist, entspricht eher der Lebenssituation, in der sich die Menschen befanden, nachdem das Volk Israel aus dem babylonischen Exil zurückgekehrt waren. Doch das spielt für mich eine eher untergeordnete Rolle, mir ist es wichtiger, den Text zu nehmen, wie er ist. Er hat in seiner jetzigen Gestalt eine Botschaft und ich möchte ihn so auslegen, dass wir uns selbst darin wiederfinden, dass er eine Verheißung für jeden Einzelnen von uns ist und zugleich für die gesamte Menschheit.

Zunächst wird hier das bekannte Bild gezeichnet, dass aus dem Baumstumpf Isais ein Reis (Spross) hervorwächst. Isai war der Vater Davids. Gott muss also einen neuen Anfang setzen, das davidische Königtum ist an sein Ende gekommen, es ist zerstört worden. Das war für die Israeliten eine herbe Enttäuschung. Denn mit Davids Königtum hatten sie soviel Hoffnung verbunden. David gilt in der jüdischen Tradition als der ideale König und zugleich als der Psalmendichter und Psalmensänger.

Wenn wir nun das Bild des Baumstumpfs auf uns beziehen, so heißt das: Es ist etwas abgestorben in uns. Oder der Baum, mit dem wir soviel Hoffnung verbunden haben, ist gefällt worden. Doch Gott schafft einen neuen Anfang in uns. Es ist ein tröstliches Bild: Gerade dort, wo etwas in uns abgehauen wird, kann etwas Neues entstehen. Die Benediktiner haben das Bild in einem Satz ausgedrückt, der in der Abtei Montecassino entstanden ist: *Succisa virescit* (lateinisch: abgeschlagen, grünt es von Neuem). Auch wenn eine Gemeinschaft »abgehauen«, ein Kloster zerstört worden ist, so wird es wieder neu aufblühen. Dieses Motto gilt auch für das Leben des Einzelnen. Es wird immer wieder in uns etwas abgehauen – eine alte Hoffnung stirbt, Illusionen zerbrechen. Auf was wir gebaut haben, löst sich auf. Aber der Text will uns sagen: Ganz gleich, wie schmerzlich das Abgeschnittenwerden war, das Leben wird immer wieder in uns aufblühen. Gott selbst hat uns diese Verheißung gegeben. Wir sollten uns selbst niemals aufgeben.

Die christliche Tradition hat dieses Bild vom abgehauenen Baumstumpf im Bild von der Wurzel Jesse/Isai entfaltet. Auf der Bronzetür von Sankt Zeno in Verona hat ein Künstler um das Jahr 1000 den schlafenden Isai dargestellt, aus dessen Leib ein Baum hervorgeht. In diesem sind die Vorfahren Jesu dargestellt: David, Salomon und andere. Oben steht Christus als die Erfüllung dieser Verheißung. Ein altes Weihnachtslied aus dem 16. Jahrhundert hat das Bild auf Maria hin besungen: »Es ist ein Ros entsprungen aus einer Wurzel zart, wie uns die Alten sungen, von Jesse kam die Art und hat ein Blümlein bracht, mitten im kalten Winter wohl zu der halben Nacht. Das Röslein, das ich meine, davon Jesaja sagt, ist Maria, die Reine, die uns das Blümlein bracht. Aus Gottes ewgem Rat hat sie ein Kind geboren und blieb doch reine Magd.« Jesus ist dem abgehauenen Baumstumpf Isais entsprossen. So will er auch in uns aufblühen, gerade dort, wo etwas in uns abgeschnitten worden ist, wo ein Baum gefällt worden ist. In uns ist noch eine gesunde Wurzel. Wenn wir ihr trauen, dann wird Gott auch in uns etwas Neues aufblühen lassen.

Der prophetische Text beschreibt uns im Folgenden einen Herrscher, der aus den Wurzeln Isais hervorgeht. Er ist kein König mehr, also nicht die Fortsetzung der Linie Davids. Die Kirche hat daher in diesem Herrscher ein Bild für den Messias, für Jesus Christus, gesehen. Auf ihn lässt sich der Geist Gottes nieder und entfaltet sich als Geist der Weisheit und der Einsicht, des Rates und der Stärke, der Erkenntnis und der Gottesfurcht. Aus dieser Beschreibung hat die christliche Theologie dann die sieben Gaben des Heiligen Geistes abgeleitet. Die Zahl Sieben hat sie dabei der griechischen Übersetzung des Alten Testaments, der Septuaginta, entnommen. Die Septuaginta ist um das Jahr 250 vor Christus entstanden. Sie zählt zu den sechs Gaben, die im hebräischen Text genannt sind, noch die Gabe der Frömmigkeit hinzu. Diese sieben Gaben teilt Gott – davon ist die christliche Tradition überzeugt – nicht nur dem Messias oder dem Herrscher mit, sondern uns allen. Aber sie sind eben mehr als Tugenden, die wir selbst verwirklichen müssen. Es sind Gaben des Heiligen Geistes, das heißt, wir werden damit beschenkt. Zugleich sind diese Gaben auch Aufgaben für uns. Wir sollten sie in uns verwirklichen.

Das Handeln des Herrschers wird weiter beschrieben als Sorge für die Armen, als Schaffen der Gerechtigkeit für alle Menschen. Der Herrscher entscheidet nicht einfach vom Hörensagen, sondern vom Geist her, mit dem Gott ihn begabt hat. Auch dieses Handeln ist nicht nur für den Herrscher und den Messias charakteristisch. Die christliche Tradition hat diese Verhaltensweisen auch dem einzelnen Christen zugeschrieben. Wir sollten uns gerade um die Hilflosen sorgen und den Armen Gerechtigkeit widerfahren lassen. Die Option für die Armen, die das Zweite Vatikanische Konzil verkündet hat, hat in diesem Text seinen Ursprung.

Wenn Gerechtigkeit herrscht, wird Frieden entstehen. Dieser wird nun beschrieben als Friede zwischen den verschiedenen Tieren. Manche Exegeten meinen, diese stünden für verschiedene Völker und ihre Eigenheiten. Dann ist es die Verheißung, dass Menschen trotz aller Verschiedenheit miteinander in Frieden leben. Andere Exegeten sehen in diesem Frieden den paradiesischen Zustand verwirklicht. Am Ende der Tage wird es also wieder so sein wie am Anfang, wie es eigentlich von Gott gemeint war: dass Menschen und Tiere, Tiere und Pflanzen, dass die ganze Schöpfung miteinander im Frieden lebt.

Man kann diese verschiedenen Tiere aber auch als Bilder für die Pole sehen, die wir in uns finden. Dann drücken sie aus, dass wir mit uns selbst in Frieden kommen, wenn der Messias in uns alles miteinander versöhnt, oder auch, wenn wir bereit sind, wie der Herrscher in diesem Text alles in uns miteinander in Beziehung zu bringen: »Da wohnt der Wolf beim Lamm, der Panther liegt beim Böcklein« (Jes 12,6). Der Wolf steht für das Aggressive, Verschlingende. Er ist in einigen Traditionen Sinnbild für den Krieg. Das Lamm, das wehrlos ist, steht für das Sanfte, für das Gewaltlose. Beide Pole in uns werden dann also eins. Wir bekämpfen uns nicht mehr. Das Aggressive in uns schützt das Sanfte und Zärtliche. Der Panther galt bei den Griechen als Attribut des Dionysos und war daher ein Symbol für Zeugung. Das Böcklein steht für das Neue, das in uns geboren wird. Es ist noch hilflos. Der Panther schützt das Böcklein in uns, also das, was gerade dabei ist, in uns zu entstehen. Es braucht den Schutz des Panthers in uns.

»Kalb und Löwe weiden zusammen, ein kleiner Knabe kann sie hüten« (Jes 12,6): Der Löwe steht auf der einen Seite für Wildheit und unbändige Kraft. Auf der anderen Seite ist er auch das königliche Tier. Jesus selbst wird als der Löwe von Juda beschrieben. Das Kalb dagegen ist ein Opfertier. Beide weiden zusammen und ergänzen sich. Der Löwe schützt das Kalb. Ein kleiner Knabe spürt, dass beide Pole auch in ihm sind. Und so kann er beide Tiere hüten. »Kuh und Bärin freunden sich an, ihre Jungen liegen beieinander. Der Löwe frisst Stroh wie das Rind« (Jes 12,7): Kuh und Bärin meinen das Mütterliche. Die Kuh ist Symbol für die nährende Mutter oder für die mütterliche Erde. Die Bärin steht einmal für die Verbindung zwischen Himmel und Erde, zum anderen für die Kraft des Mütterlichen, für die Mutter, die mit Bärenkräften ihre Jungen schützt.

Beide Pole sind miteinander eins in uns. Das Nährende und das Hegende und Pflegende ergänzen sich in uns.

»Der Säugling spielt vor dem Schlupfloch der Natter, das Kind streckt seine Hand in die Höhle der Schlange« (Jes 12,8): Die Schlange hat in fast allen Traditionen auf der ganzen Welt eine wichtige, wenn auch sehr unterschiedliche Bedeutung. Bei den Juden galt sie als Verführerin. Man fürchtete ihr Gift. Sie bringt den Tod. Doch sie galt auch als klug. Jesus selbst mahnt uns, wir sollten »klug wie die Schlangen« sein (vgl. Mt 10,16). Wegen ihrer Häutungen gilt sie auch als Symbol ständiger Erneuerung. Zudem ist sie ein Symbol der Heilung, denn ihr Gift vermag auch gesund zu machen. Wenn das Kind seine Hand in die Höhle der Schlange steckt, dann hat es offensichtlich keine Angst vor ihr. Alles Gefährliche weicht dem Heilenden, der Weisheit der Schlange. Das Kind geht ohne Nebenabsichten mit der Schlange um. Manchmal ist die Schlange auch ein Sexualsymbol. Doch wenn das Kind unschuldig mit ihr spielt, bedeutet das eine Verwandlung der Sexualität: Sie beherrscht das Kind nicht, sondern das Kind spielt mit ihr. Es ist Zeichen von Freiheit und Lebendigkeit, wenn das Kind die Sexualität integriert hat in sein Leben.

So finden sich in diesem Text wunderbare Bilder des Friedens und zugleich Bilder gelingender Selbstwerdung. Das Ziel der Menschwerdung ist, eins zu werden mit seinen Gegensätzen. Für C. G. Jung, den berühmten Schweizer Psychologen, ist das Kreuz ein Symbol für die Einheit aller Gegensätze. Wenn wir Gott wirklich erkennen, wenn wir ganz und gar von der Erkenntnis Gottes durchdrungen sind, dann werden alle Gegensätze in uns eins. Dann geschieht nichts Böses mehr auf dem »heiligen Berg«. Dann gibt es keine Spaltung mehr in »gut« und »böse«, sondern Gott selbst vereint, was in uns oft genug gespalten ist und sich in uns bekämpft. Wenn wir uns selbst bekämpfen, kämpfen wir auch gegen andere. Der Friede mit uns selbst erzeugt auch Frieden mit den Menschen um uns herum.

Der Frieden, den der Prophet dem Volk und dem Einzelnen verheißt, wird noch durch zwei weitere Bilder ergänzt. Zum einen sammelt Gott die Versprengten Israels. Er führt die Zerstreuten Judas wieder zusammen. Zum anderen hört der Neid Efraims auf Juda auf. Das sind zwei hoffnungsvolle Bilder – auch für uns. Die Verheißung, dass all die Juden, die sich in der ganzen Welt verstreut haben, wieder zu einem Volk werden und dass der Neid zwischen Efraim und Juda aufhört, könnten wir auch auf die Kirche anwenden: Der Neid zwischen den Konfessionen hört auf, und die Christen, die sich in verschiedenen Konfessionen aufgeteilt haben, werden zu einer Gemeinschaft zusammengeführt. Sie werden miteinander und nicht mehr gegeneinander arbeiten und Gott loben. Zugleich können wir die Verheißung auch auf uns selbst hin auslegen: Wir haben in unserem Leben vieles ausgeschlossen. Manche Fähigkeiten, manche Aspekte unseres Menschseins haben sich abgespalten oder wir haben sie verdrängt. Wir wollten nichts mehr damit zu tun haben. Doch Gott verheißt uns, dass er alles, was zu uns gehört, sammelt, damit wir den ganzen Reichtum, den Gott jedem von uns in seiner Geburt geschenkt hat, auch verwirklichen und leben. Zudem hört der Neid zwischen den verschiedenen Bereichen in uns auf. Wir hören auf, unseren Leib und unsere Seele, unsere Stärken und unsere Schwächen zu bewerten und in »gut« und »böse« einzuteilen. Alles darf sein. Wenn alles von der Erkenntnis Gottes durchdrungen ist, kann nichts mehr uns schaden. Dann wachsen wir in die Fülle hinein, die Gott uns zugedacht hat.

Anselm Grün

# Vernichtung ist auch
# ein Sieg der Hoffnung

JESAJA 25,1–12

In diesem Kapitel finden sich wunderbare Verheißungen neben wüsten Wünschen für den Untergang Moabs. Diese Spannung zwischen dem Heil, das dem Volk gegenüber verkündet wird, und dem Unheil, das den Feinden gilt, ist typisch für die prophetischen Texte im Jesaja-Buch. Wir finden das heute oft befremdlich. Doch die Sorge für sein Volk drückt sich immer auch dadurch aus, dass Gott dessen Feinde demütigt. Nur so vermag das Volk zu leben. Doch wir sollten diesen Text nicht nur auf dem historischen Hintergrund verstehen, sondern auch als Bild für unser eigenes Heil.

Es sind hoffnungsvolle Worte, die wir in diesem Kapitel hören. Gott hat wunderbare Pläne: Er zerstört die Paläste der Feinde. Manchmal gibt es in unserem Inneren Räume, die von Feinden bewohnt werden, von Lebensmustern, die uns schaden, von Leidenschaften, die uns im Griff haben. Diese Paläste sollte Gott zerstören. Dann wird Gott »Zuflucht der Schwachen, die Zuflucht der Armen in ihrer Not« (Jes 25,4). Diese Zuflucht wird in schönen Bildern beschrieben. Gott bietet uns »ein Obdach bei Regen und Sturm und Schatten bei glühender Hitze« (Jes 25,4). Doch damit Gott uns Zuflucht sein kann, muss er zuvor die Feinde vernichten, die uns daran hindern wollen, sicher und vertrauensvoll zu leben.

Diesen apokalyptischen Texten, die die Zerstörung der feindlichen Welt beschreiben, entspricht die psychische Erfahrung: So wie bisher kann es nicht weitergehen. In dieser Welt, so wie sie ist, kann ich nicht leben. Da muss zuerst etwas untergehen. Die alte Welt, die mich am Leben hindert, muss zerstört werden. Das kann meine persönliche psychische Situation sein: Ich halte es nicht mehr aus mit mir. Meine Schwächen hindern mich daran, wirklich zu leben. Meine Empfindlichkeit, mein Perfektionismus, mein Wahn müssen zerstört werden, damit ich so leben kann, wie es meinem Wesen entspricht. Erst wenn die feindlichen Mächte – innere oder äußere – vernichtet worden sind, können wir Gott als Zuflucht und Obdach erfahren.

Ein weiteres Bild: Gott bringt den Lärm der Fremden zum Schweigen und lässt das Lied der Gewaltigen verstummen (vgl. Jes 25,5). In diesen Worten drückt sich unsere Sehnsucht aus, dass wir frei werden von den vielen fremden Stimmen, die wir oft in unserem Kopf vernehmen. Viele Menschen kommen nicht zur Ruhe. Sie haben das Gefühl, dass in ihrem Kopf ständig Selbstgespräche stattfinden oder lärmende Gedanken ihren Kopf besetzt halten. Wer solches erfährt, sehnt sich danach, dass diese vielen Stimmen, die unserem wahren Wesen als fremd erscheinen, verstummen. Manche Menschen hören in ihrem Innern Hohngelächter. Da gibt es Stimmen, die sie lächerlich machen. Dieses innere Gelächter, das uns klein macht und uns das Selbstwertgefühl raubt, soll Gott zum Verstummen bringen.

Nach diesen Vernichtungswünschen, die letztlich der eigenen Befreiung dienen, kann der Prophet nun das Bild vom Festmahl auf dem Berg Zion zeichnen. Hier klingt die Völkerwallfahrt an: Gott bereitet das Festmahl für alle. Israel ist nicht mehr das kleine unbedeutende Volk, sondern die Mitte aller Völker. Das entspricht auf der psychologischen Ebene einer Steigerung unseres Selbstwertgefühls. Die vielen Stimmen in uns haben uns vermittelt, wir seien klein und unbedeutend. Doch wenn Gott handelt, wenn er das Festmahl bereitet, bekommt unser Leben eine neue Bedeutung. Gott tut dies auf dem heiligen Berg. Der Berg steht für die Mitte des

Menschen. Wenn Gott an uns handelt, wenn er uns befreit von allen krankmachenden Lebensmustern, finden wir unsere eigene Mitte, unser wahres Selbst.

Das Festmahl mit allen Völkern zeigt, dass Israel jetzt rehabilitiert ist: Die fremden Völker sind nicht mehr seine Feinde, sondern seine Tischgenossen. Wenn wir diese Bilder auf unser persönliches Leben übertragen, dann heißt es: All die feindlichen Stimmen in uns, die Lebensmuster, die uns das Leben erschweren, unsere neurotischen oder auch psychotischen Tendenzen verlieren ihre Macht über uns. Sie sitzen mit am Tisch, wenn Gott mit uns das Festmahl hält. Alles in uns wird eins. Wir dürfen dieses neue Miteinander aller Kräfte in uns mit erlesenen Speisen und Weinen feiern. Das Fest ist immer ein Bild für die Einheit aller Gegensätze in uns. Alles hat Platz am Tisch Gottes. Alles ist eingeladen. Und alles erfreut sich an der Gnade, die Gott uns erweist. Das Fest ist immer Zustimmung zum Leben. Wir sind einverstanden mit unserem Leben. Und jedes Fest ist von Freude geprägt. Wir feiern uns selbst, das Geheimnis unseres Lebens, das uns Gott immer wieder neu schenkt.

Es sind wunderbare Bilder, mit denen der Prophet dieses neue Leben beschreibt. Gott bereitet ein Festmahl »mit den besten und feinsten Speisen, mit besten, erlesenen Weinen« (Jes 25,6). Er selbst sorgt dafür, dass wir uns wieder am Leben freuen können. Und dann zerreißt er die Hülle, die alle Nationen verhüllt. Das Bild, das hinter dieser Verheißung steckt, meint: Wir leben gleichsam unter einer Hülle. Wir haben uns eingelullt mit irgendwelchen Illusionen. Aber wir blicken nicht durch. Wir erkennen die Wahrheit nicht. Gott selbst wird uns die Augen öffnen, damit wir erkennen, wie die Welt wirklich ist.

Im Folgenden findet sich die auch heute noch oft zitierte Verheißung, dass Gott den Tod für immer beseitigt und alle Tränen abwischt (vgl. Jes 25,8). Der Tod ist für alle Menschen ein ständiger Stachel, der ihre Lebensfreude bedroht. Doch Gott wird auch ihn überwinden. Die Christen sehen die Erfüllung dieses Verses in der Auferstehung Jesu.

Die Verheißung schließt mit dem Bekenntnis: »An jenem Tag wird man sagen: Seht, das ist unser Gott, auf ihn haben wir unsere Hoffnung gesetzt, er wird uns retten« (Jes 25,9). Dieses Wort erfüllt sich, wenn Gott uns zum Festmahl der Völker einlädt. Aber es ist ein Wort, das wir schon mitten in der Bedrängnis unseres Lebens singen sollen. Es soll uns mitten in der Situation von Angst und Bedrohung, von Unsicherheit und innerer Zerrissenheit Hoffnung schenken. Gott ist da. Er wird uns retten, wenn wir auf ihn unsere Hoffnung setzen. Diese Worte wollen uns jetzt, da wir noch in der Bedrängnis sind, ermutigen. Wir sollen jetzt, mitten in der Erfahrung des Unheils, auf das Heil hoffen. Gott wird uns nicht enttäuschen. Er erfüllt unsere Hoffnung.

Nach diesen wunderbaren Bildern folgen wiederum heftige Bilder von der Vernichtung Moabs. Moab galt als der Erzfeind Israels. In diesem Text steht Moab als Bild für alles Feindliche, für das, was uns am Leben hindern möchte. Wenn Gott Heil wirkt für uns, bedeutet das auch, dass alles, was uns vom Heil trennen will, was uns daran hindern möchte, wir selbst zu sein, vernichtet wird. Diese Vernichtung wird in drastischen Bildern geschildert: Moab wird zerstampft »wie Stroh in der Jauche zerstampft wird« (Jes 25,10). Die Freude am Heil ist immer auch die Freude am Untergang all der Kräfte, die uns daran hindern möchten, heil und ganz zu werden. Da geht es nicht um Animositäten gegen bestimmte Völker. Moab wird hier vielmehr zum Bild für alle feindlichen Mächte, die in unserer eigenen Seele hausen und uns das Leben erschweren. Das sind zum Beispiel unsere perfektionistischen Tendenzen, unsere masochistischen oder sadistischen Gefühle, unsere Sucht, uns ständig klein zu machen, die Schuld immer bei uns zu suchen. All das wird von Gott zerstampft, damit wir das Festmahl des Einswerdens mit Gott feiern können.

Die prophetischen Texte des Jesajabuches entsprechen offensichtlich archetypischen Bildern, wie sie in unserer Seele schlummern. Es sind die Bilder von Heilsein und Ganzsein, die Bilder einer heilen Zukunft, die oft genug auch der Sehnsucht nach dem Paradies oder dem Heimweh nach dem verlorenen Paradies entsprechen. Aber zu diesen schönen und heilsamen Bildern gehören auch die einer Bedrohung. Wir leben nicht in einer heilen Welt. Wir sind bedroht durch eine Politik, die nur die eigenen Interessen verfolgt, durch gesellschaftliche Tendenzen, die immer härter und brutaler werden. Und wir sind durch die eigenen inneren Gefährdungen unserer Seele bedroht, wie sie aus verschiedenen psychologischen Bedingungen wie etwa der Triebunterdrückung, des Mangels an Liebe, den wir als Kind erlitten haben, entstanden sind. All das hat sich in unserer Seele festgesetzt. Aber in uns ist auch die Hoffnung, dass Gott alles in uns verwandelt. Wenn wir die prophetischen Texte des Jesajabuches hören, sollen wir uns nicht in eine heile Welt hineinträumen. Aber wir sollen diese Worte in unsere Sehnsucht hineinfallen lassen. Dann bekommen wir mitten in unserer politischen und persönlichen Situation die Hoffnung, dass wir nicht in einer gottlosen und gottfernen Welt leben, sondern dass Gott immer noch am Werk ist. Dieser Gott, auf den wir hoffen, wird uns retten. Er wird uns eine Zukunft bescheren, in der wir das Leben feiern dürfen. Damit ist nicht nur die Zukunft nach dem Tod gemeint, sondern die prophetischen Worte wollen diese Welt in Bewegung bringen und in uns die Hoffnung stärken, dass unser Leben gelingt, dass es trotz aller Fragmentarisierung doch ein Ganzes wird, ein Heiles, voller Zuversicht und Freude und Dankbarkeit.

Eugen Drewermann, der bekannte Theologe und Psychoanalytiker, hat den Sinn dieser eschatologischen Bilder verstanden als »Botschaften der Tiefe, Bildsequenzen aus dem Urgrund gegen den Abgrund, Erinnerungen an die Vorzeit zur Vergegenwärtigung der Endzeit, Aussichten vom Ende der menschlichen Geschichte für

Menschen, die in der menschlichen Geschichte nach menschlichem Ermessen aussichtslos am Ende sind« (Eugen Drewermann, Tiefenpsychologie und Exegese, Band II, Olten 1985, 452). Für ihn haben diese Bilder also im Hier und Jetzt, da wir sie hören, eine heilende und ermutigende Wirkung. Wir sollen sie »als Stabilisierungsversuche der Psyche eines Einzelnen mithilfe vorgegebener Bilder gegenüber einer äußersten Krise der Hoffnung interpretieren« (ebd. 453). Wenn wir diese Texte so verstehen, dann haben sie auch heute noch eine heilende Wirkung. Sie wollen unser Selbst, das von so vielen neurotischen Lebensmustern bedroht und bekämpft wird, stärken. Sie wollen in uns die Hoffnung stärken, dass wir zu unserem wahren Selbst finden, dass wir in unsere Mitte kommen, zum »heiligen Berg«. Wenn wir dort angekommen sind, jagen uns die feindlichen Mächte keine Angst mehr ein.

Anselm Grün                              .

# Von Gott geformt und beschützt

JESAJA 43,1-7 UND 43,18-21

Es ist ein wunderbarer Text, der uns hier im Kapitel 43 überliefert wird. Laut wissenschaftlichen Untersuchungen ist er wohl wie die gesamten Kapitel 40 bis 55 nicht dem ursprünglichen Propheten Jesaja zuzuschreiben, sondern dem sogenannten Deuterojesaja (dem zweiten Jesaja). Ursprünglich gelten die Worte Gottes dem Volk Israel, das sich hier auf dem Weg zurück in die Heimat befindet. Auf diesem Weg schützt Gott das Volk vor allen Gefahren. Doch wenn wir den Text heute hören, sollten wir ihn auf uns persönlich, auf unsere heutige Situation beziehen. Dann beginnt er mit der Zusage: Gott selbst hat jeden Einzelnen geschaffen, jeden Einzelnen durch seine Lebensgeschichte geformt und ihn durch all die Erfahrungen, die er bisher gemacht hat, in die Gestalt hinein gebildet, die seinem Wesen entspricht. Das ist die Grundtatsache unseres Lebens: Gott selbst hat uns gebildet und geformt.

Die zweite Grundtatsache ist, dass wir uns nicht fürchten müssen. Denn Gott selbst ist bei uns. Wir gehören ihm und keinem Menschen. Kein Mensch hat Macht über uns. Diese Zugehörigkeit zu Gott befreit uns von dem Zugriff der Menschen. Niemand vermag über uns zu herrschen, denn wir gehören Gott. Er hat uns mit unserem ganz persönlichen Namen gerufen. Jeder trägt einen einmaligen Namen. Darin wird die Liebe und Zuwendung Gottes hörbar für uns. Dieser einmalige Name, mit dem Gott uns benannt hat, schützt uns vor den vielen Namen, mit denen uns andere belegen: Schimpfnamen, Worte, die uns lächerlich machen, die uns entwerten möchten.

Im Weiteren folgt die Verheißung, dass Gott bei uns ist, auch wenn wir durch das Wasser schreiten. Es wird uns nicht überschwemmen, nicht ertränken. Die Flüsse werden uns nicht mit sich reißen. Überschwemmendes Wasser steht in der Traumdeutung immer für das Unbewusste, das uns überschwemmt. Doch wenn Gott bei uns ist, kann uns nichts und niemand schaden. Wir brauchen keine Angst zu haben, weder vor den äußeren Gefahren der Überschwemmung noch vor der inneren Überschwemmung durch das Unbewusste, das auf einmal in uns aufsteigt. Eine weitere Zusage: Wir können durch das Feuer hindurchgehen, ohne dass wir verbrennen. Das Feuer der Aggression, das uns von außen begegnet, kann uns nicht versengen. Wir sprechen davon, dass wir in das Feuer des Gefechts geraten, wenn wir von allen Seiten angegriffen werden. Gott ist gleichsam wie ein Schutzschild um uns herum, der uns vor dem Feuer bewahrt. Er schützt uns aber auch vor dem inneren Feuer unserer eigenen Aggressionen, die uns manchmal zu verbrennen drohen.

Der Grund, warum wir uns vor nichts zu fürchten brauchen, ist Gott, der unser Gott ist und unser Retter. Er wird uns bewahren vor allen Gefahren. Wenn hier nun zu lesen ist, dass Gott Ägypten als Kaufpreis für uns gibt, dann dürfen wir das nicht wörtlich verstehen, als ob ein ganzes Land leiden muss, nur damit es uns gut geht. Vielleicht meinte der Prophet, Gott würde uns aus Ägypten befreien und das Land Ägypten sei gleichsam der Kaufpreis, mit dem er uns aus der Gefangenschaft loskauft. Doch für uns heute ist diese historische Sicht nicht mehr von Bedeutung. Vielmehr ist damit gemeint: Jeder Einzelne von uns ist Gott wertvoll. Dass er andere für uns hingibt, dürfen wir nicht als Aussage über die anderen verstehen, sondern als Ausdruck für unseren eigenen Wert: Wir sind so wertvoll, dass Gott vieles andere für uns gibt.

Die Aussage über unseren Wert gipfelt darin, dass Gott uns zusagt: Du bist in meinen Augen teuer. Ich liebe dich. Solche Worte sollte man nicht theoretisch bedenken und auslegen. Es geht vielmehr darum, sie ins eigene Herz fallen zu lassen. Dann spüre ich auf einmal: Ich bin wertvoll. Ich bin geliebt. Die Worte vermitteln mir die Liebe Gottes, aber nur dann, wenn ich nicht über sie nachdenke und dadurch eine Distanz schaffe, sondern indem ich die Worte gleichsam schmecke und kaue, bis sie ganz tief in mein Herz eindringen.

Eine andere Aussage über unseren Wert sollen wir ähnlich in unser Herz fallen lassen: »Jeden, der nach meinem Namen benannt ist, habe ich zu meiner Ehre erschaffen, geformt und gemacht« (Jes 43,7). Gott hat uns zu seiner eigenen Ehre geschaffen. Später formulierte Irenäus von Lyon, ein Kirchenvater aus dem zweiten nachchristlichen Jahrhundert, es so: *»gloria dei – homo vivens«*: »Die Ehre Gottes (oder auch die Herrlichkeit Gottes) ist der lebendige Mensch.« Wenn ich diese Worte mit meinem Herzen spüre, dann erfahre ich mich anders. Ich bin dankbar, dass ich so, wie ich bin, zur Ehre Gottes werden darf. Indem ich mich von Gott formen lasse, werde ich zu seiner Ehre. Er formt mich durch das Leben, durch die Verletzungen, die ich erlebt habe, aber auch durch die vielen schönen Erlebnisse, durch die Liebe anderer, die Höhen und Tiefen, durch die ich gegangen bin. Alles in meinem Leben dient dazu, dass Gott mich zu dieser einmaligen Gestalt formt, die er mir von Anfang an zugedacht hat. Es geht für mich also darum, mich von Gott formen zu lassen. Das tut mir besser, als ständig dagegen zu rebellieren, dass mein Leben nicht so glattläuft, wie ich es mir erhofft hatte.

Der Glaube Israels lebt von der Erinnerung an die Großtaten Gottes in seiner Geschichte, vor allem von der Erinnerung an den Auszug aus Ägypten, durch den das Volk erst wirklich zum Volk Gottes geworden ist. Doch hier, in Vers 18, fordert Gott die Israeliten dazu auf, nicht mehr an das Frühere zu denken. Jetzt, in diesem Augenblick handelt Gott. Jetzt schafft er etwas Neues. Wenn wir diese Verse auf unser eigenes Leben beziehen, bedeuten sie: Wir sollen nicht mehr an das Vergangene denken, weder an die Verletzungen, die wir als Kind erlebt haben, noch an die Großtaten Gottes in unserem Leben, weder an Misserfolge noch an Erfolge. Wir sollen jetzt ganz im Augenblick leben. Denn in diesem Augenblick schafft Gott etwas Neues. Wenn wir aufmerksam genug sind, merken wir, dass das Neue schon zum Vorschein kommt. Es sind Worte, die uns die Augen öffnen wollen für das, was jetzt gerade geschieht, was Gott in diesem Augenblick an Neuem in uns bewirkt. Gott ist immer der ganz und gar Neue. Er schafft auch in uns Neues. Wir sind nicht festgelegt durch unsere Vergangenheit. Gott hat die Macht, uns immer wieder von der Last der Vergangenheit zu befreien und uns jetzt ganz und gar neu zu formen.

Diese Neuformung geschieht so, dass Gott Straßen durch die Wüste anlegt. Das, was bisher unwegsam war in unserem Leben, wird zu einem Weg, der uns zum wirklichen Leben führt. Die wilden Tiere, die wir unterwegs als Bedrohung erfahren, werden Gott preisen. Sie stimmen mit uns ein in sein Lob und werden unsere Genossen im Loblied auf Gott. Das, was in uns vertrocknet, was abgestorben ist, wird durch Gottes Wirken auf neue Weise lebendig. Er lässt Wasser fließen mitten in der Steppe. Mitten in der Wüste wird es Brunnen geben, aus denen wir trinken können. Das ist eine schöne Verheißung für alle Menschen, die Angst haben, auszubrennen, sich zu erschöpfen. Dort, wo Gott an uns wirkt, bringt er uns auch in Berührung mit den inneren Quellen. Wenn wir aus diesen inneren Quellen trinken, werden wir niemals erschöpft.

Anselm Grün

# Du bist geliebt – so oder so

JESAJA 54,1–17

Dieser prophetische Text ist von seinem Ursprung her an das Volk Israel gerichtet. Nach der Rückkehr aus der babylonischen Gefangenschaft wird Israel Zion wieder aufbauen und dort Heimat finden. Der Prophet bezeichnet das Volk als Braut Jahwes und Jahwe als seinen Bräutigam. Es ist ein Trostwort für die Menschen, das ihnen eine wunderbare Zukunft verheißt. Der geschichtliche Hintergrund dieses Textes ist der Siegeszug des persischen Königs Kyros (559–530 v. Chr.), der Babylon eroberte und Israel die Rückkehr in seine Heimat ermöglichte. Der Blick in die geschichtliche Situation gibt dem Propheten das Vertrauen, solche Worte der Hoffnung auszusprechen.

Doch wenn wir heute diesen Text lesen, interessiert uns der geschichtliche Hintergrund kaum mehr. Wir fragen uns vielmehr, was er uns noch immer zu sagen hat. Natürlich könnten wir das Volk Israel mit der Kirche verbinden. Dann ergeben sich einige Parallelen. Auch die Kirche macht immer wieder Situationen durch, die einem Exil gleichen. Sie wird kleiner, unbedeutender. Aber die prophetischen Texte verheißen auch ihr immer wieder eine Zukunft. Gott wird seine Kirche nicht verlassen. Gleichzeitig soll die Kirche mit wachen Augen in die geschichtliche Situation hineinschauen, in die sie gerade gestellt ist. Dann wird sie mit dem Propheten auch Zeichen der Hoffnung entdecken, dass Gott ihr eine gute Zukunft schaffen wird.

Für mich persönlich bekommt dieser Text jedoch erst eine Bedeutung, wenn ich ihn auf mich selbst bzw. auf die einzelne Leserin, den einzelnen Leser hin auslege. Dann erlebe ich die Bilder dieses Textes als tröstlich. Ich erkenne mich in den Beschreibungen der Vergangenheit wieder. Oft genug gab es Abschnitte in meinem Leben, in denen ich mich als unfruchtbar erlebt habe. Da habe ich nur funktioniert. Aber es ist nichts aufgeblüht in mir. Doch jetzt verheißt mir der Prophet, dass mein Leben neue Frucht bringt. Und gerade als einer, der an seiner Einsamkeit leidet, darf ich erfahren, dass ich »mehr Kinder habe als die Vermählte«. Auf einmal erkenne ich, dass mein Leben reiche Frucht getragen hat. Menschen lassen sich von meinen Gedanken anregen. Ich spüre, dass ich in der Begegnung mit Menschen Leben wecken kann. Diese Verheißungen gelten für jeden Leser und jede Leserin. Wir sollten uns nie nur auf die Einsamkeit und die Unfruchtbarkeit fixieren. Der prophetische Text will uns die Augen öffnen, damit wir all das sehen, was in uns aufgeblüht ist und wo wir zum Segen wurden für andere Menschen.

Ich gebe diesen Text bei Exerzitien gerne Menschen zur Meditation, die wenig Selbstvertrauen haben, die klein von sich denken, das Gefühl haben, dass sie unbedeutend sind, dass sie nichts in dieser Welt bewirken können. Ich habe erlebt, dass der Vers: »Mach den Raum deines Zeltes weit, spann deine Zelttücher aus, ohne zu sparen« (Jes 54,2) die Menschen ermutigt hat, sich etwas zuzutrauen. Sie sollen nicht so klein von sich denken. Sie sollen ihre Zelttücher ausspannen, ihr Herz weiten. In ihrem weiten Herzen ist nicht nur für viele Menschen Platz. Da haben auch neue Ideen Raum. Da kann etwas Neues entstehen. Sie können andere Menschen einladen, in ihrem Zelt Platz zu nehmen. Die Worte machen uns Mut, dass wir anderen Heimat schenken können, wenn wir sie in unser Zelt einladen. In unserem Zelt ist Raum für viele Menschen. Wir können andere befruchten mit unseren Gedanken, mit unserer Liebe, mit unserer Zuwendung.

Übertragen auf unsere persönliche Situation heute möchte der nächste Vers uns Mut machen, uns von der Scham zu befreien. Wir schämen uns oft, wenn wir uns vor anderen blamieren oder wenn wir unseren eigenen Idealen nicht entsprechen. Wir haben Angst, dass andere unsere Schwächen entdecken. Dann stehen wir entblößt und beschämt in der Öffentlichkeit. Oder wir erinnern uns an die Vergangenheit und schämen uns für das, was wir als unreife Kinder getan und gedacht haben oder welche Torheiten wir in der Jugend begangen haben. Wir sollen nicht mehr an die Vergangenheit denken und aufhören, uns zu schämen. Das ist alles vorbei. Jetzt sollen wir an das denken, was Gott uns in diesem Augenblick zusagt.

Unsere Würde besteht darin, dass Gott selbst unser Gemahl ist, wie es im Text heißt. Wir sind für Gott wichtig und er bindet sich an uns. Aber wir sollten immer daran denken, wer dieser Gott ist: nicht der »liebe Gott«, den wir auf unser Niveau hinunterziehen. Er ist vielmehr »Herr der Heere«, »der Heilige Israels«, »Gott der ganzen Erde«. Dieser Gott ist unser Gemahl und Erlöser. Er befreit uns aus allen Abhängigkeiten, heilt unsere Wunden und bringt uns in Berührung mit unserem wahren Selbst. Wenn Gott mit uns Hochzeit hält, dann wird alles in uns eins, dann werden wir eins mit uns selbst und mit Gott. Gerade in der Einheit mit Gott finden wir zum Einssein mit uns selbst und auch mit den Menschen um uns herum.

Schließlich erinnert der Prophet an die Erfahrung einer Jugendliebe: »Kann man denn die Frau verstoßen, die man in der Jugend geliebt hat?« (Jes 54,6) Gott hat uns geliebt, als wir jung und unreif waren. Aber diese Liebe ist so stark wie die erste Liebe, die wir in unserer Jugend erfahren haben. Diese erste Liebe kann man nicht vergessen. So wird auch Gott uns nicht vergessen. Er wird uns immer lieben. Es ist hier eine sehr emotionale Beschreibung des Verhältnisses Gottes zu uns Menschen, zu mir ganz persönlich. Gott liebt mich mit der erotischen und verzaubernden Liebe der Jugend.

In den Versen 1 bis 6 beschreibt der Prophet in seiner Rede das Verhalten Gottes. In Vers 6 zitiert er ein Wort Gottes, das zu den Versen

7 bis 11 überleitet. Da spricht dann nicht mehr der Prophet, sondern Gott selbst. Er selbst spricht mich an: »Nur für eine kleine Weile habe ich dich verlassen, doch mit großem Erbarmen hole ich dich heim« (Jes 54,7). Die Worte dieses Verses und der folgenden Verse lassen wir am besten in unser Herz fallen, um sie zu kosten und zu schmecken. Sie sollen unsere Gefühle verwandeln und uns die Augen öffnen für unsere eigentliche Wahrheit.

Die Mönche haben für die Meditation solcher Verse die sogenannten *lectio divina* entwickelt. In dieser »göttlichen Lesung« der Bibel geht es nicht darum, die Verse zu deuten oder das eigene theologische Wissen zu vermehren, sondern in Gottes Wort Gottes Herz zu entdecken und die Worte so ins Herz fallen zu lassen, dass sie zu einer neuen Selbsterfahrung führen. Die Worte wollen uns zeigen, wer wir wirklich sind. Wie wir uns erfahren, hängt oft von den Bildern ab, die wir von uns haben, und von den Worten, mit denen wir unser Leben kommentieren. Häufig sind das Sätze wie: »Ich bin nicht richtig. Mit mir kann keiner auskommen. Ich bin unwichtig. Ich bin zu langsam, zu langweilig. Keiner kümmert sich um mich.« Solche Sätze ziehen uns nach unten. Die Worte der Bibel sind keine Selbstsuggestion. Sie wollen uns nicht wie manche psychologischen Methoden einreden: Du bist der Größte. Du bist immer glücklich. Du hast immer Erfolg. Du bist perfekt. Du bist cool. Solche Einreden sind Illusionen und entsprechen nicht unserer Wirklichkeit. Daniel Hell, ein bekannter Schweizer Psychotherapeut, meint, oft genug rebelliere die Seele gegen solche Worte und Bilder, die uns etwas einreden wollen, was unserem Wesen nicht entspricht. Die Worte der Bibel, und gerade diese Worte Gottes aus Jesaja 54, wollen uns nichts einreden, sondern uns zeigen, was unser wahres Wesen ist. Es ist unsere tiefste Wahrheit, dass Gott sich unser erbarmt, dass er uns mit ewiger Huld liebt, dass seine Liebe nie von uns weichen wird, dass sein Bund des Friedens nie wanken wird.

Bernd Deininger

# »Ich werde mit dir und in dir sein«

## EXODUS 3,1-8

Die Geschichten, die sich im Buch Exodus finden, sind ein Mythos. Das bedeutet aber nicht, dass es sich bei den Erzählungen um reine Fiktion handelt, die keine Wurzel in der Realität hat, sondern es ist vielmehr so, dass ein Mythos Geschichte macht, ohne sich historisch zu verankern. Der historischen Wissenschaft ist es nie gelungen, archäologische oder auch sprachliche Spuren zu finden. Dennoch versteht sich der Exodus-Mythos als eine zentrale Fundierung für das Judentum, der eng mit dem Selbstverständnis dieser Religion zusammenhängt und in allen übrigen Erzählungen und Gebeten mitgedacht wird. Der byzantinische Gelehrte Salustios drückt es in etwa so aus: »Ein Mythos geschah nie, ist aber immer.«

Die Gestalt Moses ist eingehüllt in viele Sagen und Legenden und ausschließlich aus diesen Quellen haben wir von ihm Kenntnis bekommen. In vielerlei Geschichten, die im Alten Testament festgehalten sind, tritt er in unser gegenwärtiges Bewusstsein. Besonders eindrücklich werden wir mit der emotionalen Seite Moses konfrontiert, als er der Erzählung nach mit ansehen muss, wie einer der Aufsichtsbeamten einen Israeliten brutal niederschlägt. In ihm entwickelt sich daraus eine archaische Aggressivität, eine Wut, die ihn als ganze Person ergreift und ihm jede Möglichkeit nimmt, sich von ihr loszureißen. So wird er an dem ägyptischen Mörder selbst zum Mörder. Was er beim Betrachten dieser Szene innerlich gefühlt hat, hat ihn wohl so fundamental ergriffen, dass er im Sinn einer Leidenschaft für Recht und Ordnung und für die Freiheit eines jeden

Menschen eintrat. Dennoch veränderte diese Tat sein Leben entscheidend, sodass sich manches, so scheint es, zum Schlechteren entwickelt: Aus Angst vor Verfolgung und Strafe muss er in die Wüste fliehen. Er findet zwar bei den Midianitern eine Heimat und heiratet auch die Tochter eines Priesters mit Namen Zippora, aber trotz der Eheschließung und dem Leben dort bleibt er in seinem Inneren mit den Hebräern verbunden, an die er ständig denken muss.

In unserer Geschichte zeigt sich Mose als ein sehr zerbrechlicher Mensch, der an seiner eigenen Person zweifelt, insbesondere wohl auch deshalb, weil er die Erfahrung machte, mit seiner Aggressivität und dem Eintreten für Recht und Freiheit keine Möglichkeit der Selbstreflexion mehr zu haben.

Doch in dieser Situation offenbart sich ihm Gott. Wie ereignet sich nun eine solche Offenbarung Gottes? Wenn man den allgemeinen und üblichen theologischen Erklärungen folgt, laufen sie meist auf ein äußeres Spektakel hinaus. Irgendwann, an einem x-beliebigen Tag, bricht etwas Überraschendes, Kolossales, aber Sichtbares in die Welt der Menschen ein. Eben ein Wunder, unerklärlich. Gott spricht dann einen spezifischen Menschen an und dieser beugt sich in den Staub und wird umgeformt zum Werkzeug Gottes. Wenn man eine Offenbarung so betrachtet, setzt sie eine Distanz zwischen dem Großartigen Gottes und dem Persönlichen des Menschen fest. Naturwissenschaftlich betrachtet ist es nicht vorstellbar, wie es sich in der Vision des Mose ereignet, dass Gott in einem Feuer erscheint, das nicht verbrennt. Atheisten hätten dann selbstverständlich Recht mit ihrer Behauptung: Die ganze Religion ergibt sich nur aus Unkenntnis der Zusammenhänge in der Natur und aus magischem Missverstand. Deshalb lässt sich die Geschichte, die Mose in seiner Vision erlebt, nicht aus dem Äußerlichen heraus erklären, sondern sie bedarf einer tieferen inneren, emotionalen Interpretation.

Der Stechstrauch oder Dornbusch gilt innerhalb der Pflanzenwelt eher als etwas Unbrauchbares. Auf jeden Fall ist er keine

Nutzpflanze, die dem Menschen zu irgendetwas gut wäre. Kann es deshalb nicht sein, dass auch Mose sich für etwas Unwertes und Unbrauchbares hält? Er sucht danach, wie Gott von ihm – einem Unwürdigen, einem Mörder – Besitz ergreifen könnte, wenn er es überhaupt jemals schafft, Israel aus der Knechtschaft herauszubringen in das Land der Verheißung. Und genau das wäre eine Erklärung für die ganze Vision: Der Engel Gottes, die sichtbare Seite dessen, was namenlos, gegenstandslos, bilderlos, ewig geheimnisvoll auf Hebräisch Jahwe genannt wird, zeigt sich in einer Flamme, die alles ergreift, aber nicht vernichtet. Wie das möglich ist, dem möchte sich Mose stellen, das will er sehen. Denn wenn er das verstehen könnte, wäre das Rätsel gelöst, das ihn quält und bedrängt, die Frage seiner ganzen Identität und Existenz fände innere Ruhe.

Diesen Wunsch: »Ich will doch sehen, warum der Dornbusch nicht verbrennt«, müssen wir uns so vorstellen, dass es darum geht, einen inneren Reifeprozess bei Mose in Gang zu bringen, der ihn nicht mehr loslässt. Kann es denn sein, dass er, ein Mensch, wertlos, abgetan, verbannt im Exil, unansehnlich und sperrig wie ein Stechstrauch in der Wüste, dennoch die Aufgabe bekommt, Gottes Willen auf Erden durchzuführen? Die Vision vom brennenden Dornbusch wäre dann das Geheimnis des ganzen Lebens, des Mannes Mose am Anfang der israelitischen Religion.

Wir Menschen mögen Fehler haben und uns für ungenügend halten – eben sein wie ein Strauch mitten in der Wüste, brauchbar allenfalls als Futter für Schafe und Ziegen, sonst aber wertlos. Wenn trotz dieser Einschränkungen Gott von uns dann Besitz ergreifen möchte, so funktioniert das nur, indem er unsere ganze Existenz ergreift, so wie wenn Feuer vom Dornbusch Besitz ergreift und ihn zu Asche verbrennt. Es ist das Wunder, an das Mose glaubt und das die ganze Religion der Bibel bestimmt: dass Gott von diesem Wertlosen, das wir sind, auf eine Weise Besitz ergreift, dass er sich darin sieht und er in uns zur Erscheinung kommt.

Indem Gott von uns Besitz ergreift, macht er uns nicht »anders«, er schafft uns nicht neu. Er will uns auch nicht besser, sondern so, wie wir sind, sind wir imstande, die Flamme des Göttlichen zu tragen, weiterzugeben und in den Beziehungen zu anderen Menschen spürbar zu machen. In unserem ganzen Leben kommt es dann nur darauf an zu spüren, welch ein Feuer uns ergreifen könnte und welche Leidenschaft wir mitteilen können, dass sie andere Menschen, mit denen wir in Kontakt sind, zur Gerechtigkeit, Freiheit und Toleranz bringt.

Jeder von uns kennt aber das Gefühl, dass er sich selbst für zu schwach oder zu feige und ängstlich hält, dass er ein Träger dieser göttlichen Flamme sein könnte. So geht es auch Mose. Wenn er mit Gott spricht, macht er diesem klar, dass er sich einen besseren Boten aussuchen soll. Er sagt zu ihm: »Ich bin keiner, der gut reden kann, weder gestern noch vorgestern noch seitdem du mit deinem Knecht sprichst. Mein Mund und meine Zunge sind nämlich schwerfällig.«

Es gibt oft keine schlimmere Form von Verzweiflung, als zu wissen, wie das Leben sein könnte, wenn nicht all das als wesentliches Hindernis auftreten würde, was man an sich selbst kennt. Das können Ängste und Depressionen, Selbstwertmangel oder die Angst vor Nähe sein. Auch Mose kennt das. Er spürt in seinem Inneren zwar, dass er frei sein möchte und dass er sein Volk zur Freiheit führen will, sieht aber, dass er sich nicht in der Lage fühlt, langsam zu reden und geduldig zu erklären. Er hält sich vielmehr für schwach und für einen Versager. Was kann man tun, wenn man sich selbst auf solch furchtbare Weise der Wahrheit im Weg fühlt?

In einem Experiment zeigt uns das Exodus-Buch, wie es Gott mit Mose anstellt. »Was hast du in der Hand?«, fragt Gott Mose, so wie er jeden von uns fragen würde, wenn wir von Selbstzweifeln geplagt sind. Wenn wir dann getrost sagen können: »Einen Stab, etwas Zuverlässiges und Handfestes«, dann wäre es gut. Aber es gibt nichts Handfestes und Zuverlässiges, wenn ein Mensch von Ängsten ergriffen wird oder an sich selbst zweifelt. Ein Mensch, von Ängsten geplagt, wird keinen Stab anfassen können. Er wird ihn wegwerfen, wenn er ihm angeboten wird. Und dann ist es oft so, dass der Stab eigentlich unser ganzes Leben ist, das wir aus der Hand geben und einfach fallen lassen. Dann steigert sich die Angst vor uns selbst noch weiter. Erst ist es die Angst, dass niemand uns glauben wird und wir niemandem das, was uns wirklich im Leben wichtig ist, zu erklären vermögen. Doch aus der Angst vor den Menschen wird dann häufig die Angst vor dem, was in uns selber ist. Aus einem Leben voller Angst wird ein Leben voller endloser Flucht. Um aus diesem Teufelskreis herauszutreten, gibt es keinen anderen Weg, als noch einmal zu hören, was Gott bei diesem Experiment zu Mose sagt: »Fass zu.«

Den Mut zu haben, zuzufassen und zuzupacken, ist nötig, um aus unserer Person und unserem Leben wieder etwas Tragfähiges und Solides zu gestalten. Nicht, weil wir es in uns selbst hätten und schaffen würden, denn es geht nicht um ein Zusammenbeißen der Zähne, um ein Stück heroischen Selbstvertrauens, sondern um die Zuversicht, dass wir im Vertrauen auf Gott in uns selbst zu setzen lernen. Gegen die Angst gibt es keinen anderen Weg als das zu tun, was wir eigentlich am meisten fürchten: wir selbst zu sein und das hervorzuholen, was wir in der Hand halten und was uns als Person, und zwar als unverwechselbaren Menschen, ausmacht.

Aber dann wäre das, was Gott Mose sagt, der möglicherweise erstaunlichste Satz der ganzen Bibel. Einerseits missverständlich, andererseits aber heilend. Wie ein wohldosiertes Medikament, wenn wir richtig aufnehmen, was Gott weiter sagt: »Wer ist es, der da setzt einen Menschen, stumm oder lahm oder blind oder taub?« Das soll doch heißen, dass wir selbst unsere Gebrechen und Mängel, unsere Fehler und Schwächen nicht mehr als Hinderungsgrund verstehen sollen, um uns Gott zur Verfügung zu stellen, sondern als etwas, was wir von Gott als Schicksal erhalten haben. So stehen im Exodus-Buch das Ich des Mose mit seiner Erfahrung im Negativen und das

Ich Gottes, der alles will, was wir sind und was wir nicht sind, gegeneinander. In jedem Fall genügt es für Gott jedoch, dass wir zu dem stehen, was wir sind.

Daher sagt Gott am Ende: »Geh also!« Genauer müsste man es so ausdrücken: »Du darfst jetzt gehen, du kannst jetzt gehen, denn was du für dich am sehnlichsten wünschst und am leidenschaftlichsten fühlst, das wirst du in Gemeinschaft mit mir finden und ganz zu dem werden, der du bist.« Bei der Auslegung der zahlreichen Heilungslegenden im Umkreis Jesu entsteht häufig der Eindruck, dass die Begegnung mit Gott darin besteht, ein rundum gesunder, perfekter und vollständiger Mensch zu sein. In Wahrheit ist es aber doch so, dass das gar nicht möglich ist. Psychoanalytisch gesprochen beginnt doch alle Heilung gerade damit, dass Menschen lernen, sich so anzunehmen oder gar liebzugewinnen, wie sie sind, und das zu sehen, was im Rahmen ihrer individuellen Begrenztheit möglich ist. Man kann sein ganzes Leben dagegen protestieren, was einem zugefügt und weggenommen und zerstört wurde. Gott bringt jedoch in diesem Exodus-Text Mose dazu, alles, was negativ ist, so stehen zu lassen und dennoch dabei zu bleiben: Das bin ich selbst, das gehört zu mir. Das ist das besondere Angebot, das Jahwe Mose an dieser Stelle macht: so zu denken und sich selbst und sein Leben so zu sehen. Es mag durchaus sein und es darf auch dabei bleiben, dass Mose als der Dornstrauch, die Wüstenexistenz sperrig, stachelig und in gewisser Weise ungenießbar ist. Das mag ein Persönlichkeitsmerkmal von Mose sein. Aber genau wie dieser Stechstrauch von Gott durchglüht ist, so sollte es auch für Mose sein. Denn mehr ist nicht nötig – keine Perfektion, keine Ästhetik. Dass das, was ist, wirklich ist, das ist das ganze Wunder. Äußerlich hat sich dabei nichts verändert. Es ist kein »neuer Mose« entstanden, er hat keine veränderte Außengestalt. Aber es titt nun ein Mann auf, der wagt, an sich selbst zu glauben, und ein ganzes Volk, das er mitzieht. Am Ende geht dann alles sehr schnell und Gott sagt schlicht: »Ich werde mit deinem Munde sein.«

»Ich werde mit dir und in dir sein«

Das Leben mit Gott führt uns in eine Welt hinein, die wir manchmal nicht kennen und die im Unbewussten bleibt. Aber es gibt eine Ahnung von dem, was sein müsste und könnte, und wir als Menschen dürfen darauf vertrauen, dass Gott es uns sagen wird, wenn es soweit ist.

Bernd Deininger

# Aufbruch zur Freiheit

EXODUS 14,5-31 UND 17,1-15

Als Menschen des 21. Jahrhunderts fällt es uns schwer, die Geschichte vom Auszug aus Ägypten und dem Weg, den das israelitische Volk durch das Schilfmeer genommen hat, zu verstehen. Wie kann sich nach vernünftig-rationalen Überlegungen ein Meer teilen? Pseudowissenschaftliche Erklärungen hierzu gibt es reichlich. Man spricht von besonderen Winden in dieser Zeit, von einer unterirdischen Landbrücke oder einer plötzlichen Dürre. Aber naturwissenschaftliche Erklärungen sind bei diesem biblischen Text obsolet. Eine Route, die die Israeliten genommen haben könnten, lässt sich nicht mehr rekonstruieren, vielleicht aber eine Erinnerung an das Ost-Delta des Nil als Ausgangspunkt einer Flucht oder Vertreibung der vermuteten Exodus-Gruppe. Diese Gruppe könnte sich aus Semiten zusammengesetzt haben, denen eine Fluchte gelang oder die vertrieben wurden, wobei sie verfolgende ägyptische Soldaten und ein sumpfiges Gelände oder Gewässer eine Rolle spielten. Daraus wird eine Rettungserzählung konstruiert, die Rettung selbst wird Jahwe zugeschrieben.

Hier wird jedoch nicht eine Geschichte erzählt, die sich historisch-naturwissenschaftlich festmachen und erklären lässt, sondern eine solche, in der es um das Geschehen eines Aufbruchs geht. Und das geht uns selbst ganz unmittelbar an. Wenn wir uns ehrlich und vorurteilsfrei sowie ohne Scham betrachten, so wird uns bewusst, wie lange es dauern kann, bis wir bei uns so ankommen, dass wir unser Inneres, unser Selbst erkennen und uns mit uns identisch fühlen. Insofern bilden die scheinbar als geschichtliche Erinnerung überlieferten Erzählungen unser individuelles Leben ab. Auf die Bibel bezogen bedeutet das: Wir müssen spüren müssen, dass es ein tiefes Vertrauen gibt, dass Gott uns begleitet und vorangeht bei Tag und bei Nacht. Er wäre dann gleichsam eine Wegmarke zur Orientierung für unser Leben und ein Schutzschild in vielerlei schwierigen Situationen und Konflikten, die das Leben mit sich bringt.

Nach der Thora ist die Flucht aus Ägypten und die Teilung des Schilfmeeres, verbunden mit der Rettung des jüdischen Volkes, ein göttliches Wunder, das damals so geschehen ist, und dieses Wunder darf durch naturwissenschaftliche Herangehensweise, durch Historisierung und rationale Vernunft nicht verwässert werden. Folgt man dem religiösen Denken der Thora, konnte es an einem solchen Wunder nicht den geringsten Zweifel geben. Denn warum sollte es dem Schöpfer, der das Meer und das Trockene gemacht hat, unmöglich sein, das Meer zu teilen? Hatte er es denn nicht schon bei der Schöpfung selbst getan, bestand sie nicht eben darin, dass Gott sprach: »Es sammeln sich die Wasser an einem Ort, dass das Trockene sichtbar werde«? Deshalb geht es in dieser Erzählung nicht um eine historische Handlung oder ein historisches Geschehen, sondern wesentlich darum, die Macht des Gottes Israel, der sich als Retter seines Volkes zeigt, zu benennen.

Das Wesentliche an dieser Geschichte ist also nicht das Was und Wie, sondern das Warum und Wozu. In welcher Absicht und zu welchem Zweck handelt Gott und was ließ er in dieser Erzählung geschehen? Ziel war es, Tyrannen zu vernichten und Unterdrückte zu retten. Es ist die sittliche Idee des Gerichtes, die hier vorgestellt wird, indem sich das Meer spaltet und wieder zusammenschlägt. Der Glaube an diese sittliche Idee, für die Gott eintritt, betrifft uns gerade am Beginn des 21. Jahrhunderts ganz unmittelbar selbst. Es geht um einen Lebenssinn, der einen zweckersetzenden Lenker fordert. Dahinter steht die religiöse Gewissheit, das Vertrauen zu entwickeln, dass der Schöpfer sich mit der Schöpfung nicht erschöpft hat und sich innerhalb des von ihm selbst gesetzten Naturverlaufes vorher nicht zu ahnende Möglichkeiten zu helfen oder zu strafen vorbehält. Das bedeutet, darin steckt die sittliche Forderung, dass das Böse am Ende nicht triumphieren darf.

Deshalb ist dies eine zentrale Geschichte des jüdischen Glaubens, dass nicht nur das Volk Gottes als Gesamtheit, sondern auch wir als Individuen auf unserer Wanderung durch das Leben Gott spüren und einen Halt an ihm haben. Wie Mose ein ganzes Volk aus Ägypten durch Meer und Wüste geführt hat, so dürfen wir glauben, dass wir unter der Fügung und Führung Gottes aus den inneren Verstrickungen, Ängsten und traurigen Verstimmungen, die uns begleiten, herausfinden.

Versuchen wir deshalb die Erzählungen als Bilder einer seelischen Auseinandersetzung zu verstehen, die wir mit uns selbst führen. Alle Widerstände, Einengungen, alles Gegensätzliche existiert zuallererst in unserem eigenen Inneren. Deshalb müssen wir den langen Weg von Ägypten hinüber ins Land der göttlichen Weisung als einen Prozess in uns selbst aufnehmen und begreifen. Wenn wir uns also wie das Volk Israel auf einen Weg in unsere persönliche Freiheit aufmachen, so bedeutet das, Opfer bringen zu müssen. Möglicherweise müssen wir auch schuldig werden, weil wir Menschen kränken und verletzen, auch wenn sie es gar nicht verdient haben. Wenn wir uns also von unseren neurotischen Verwicklungen und Verknüpfungen lösen wollen, kann es durchaus sein, dass wir uns von Bindungen lösen müssen, die uns gefangen halten. Das Lösen von Bindungen kann zu Brüchen in den Familien oder im Freundeskreis führen, zu Kränkungen und Enttäuschungen.

Stellen wir uns einmal vor, ein Ingenieur, der in einer großen Firma arbeitet, wechselt plötzlich seinen Beruf und will Schäfer werden. Oder ein Lehrer verlässt seine Schule, ein Pfarrer seine Gemeinde, eine Ehefrau ihren Mann, ein Mann seine Familie – keiner dieser Brüche wird folgenlos bleiben für alle Beteiligten, und je enger der

Einzelne sich in Verantwortung, in Verpflichtung, in Treue in das Alte gefügt hat, umso schmerzhafter wird es sein, wenn sich Bindungen lösen. Es ist möglich, dass die Freiheit des einen Unrecht für die anderen bedeutet, die in gewissem Sinn einen Anspruch darauf haben, in der entsprechenden Bindung zu bleiben. Es ist aber möglich – und das tritt vielfach auf –, dass ein Leben in neurotischen Bindungen nicht mehr möglich ist, weil sich Symptome gebildet haben. Das können Ängste, Depressionen und Zwänge sein, die so bestimmend werden, dass sie nicht mehr auszuhalten sind. Dann wird man schuldig, indem man denen Schmerz zufügt, die es betrifft.

Wenn ein Partner sich aus der Ehe herauslöste, habe ich häufig erlebt, dass der andere ihn mit Vorwürfen überschüttete: Was wird aus den Kindern? Was wird aus mir? Wie kannst du mir solche Schmerzen zufügen? Häufig ist das, was der eine tut, für die anderen quälend, kränkend und enttäuschend. Wenn wir diese Situation auf den Bibeltext beziehen: Kaum ist der Aufbruch der Israeliten gelungen, besinnen sich der Pharao und alle seine Ratgeber auf die Dienstleistungen und den Nutzen, den dieses Volk in der Zeit des Sklavendaseins den Unterdrückern gebracht hat. Daher beschließen sie, ihnen mit Kampfwagen und Mannschaft hinterherzujagen, um sie wieder einzufangen. Mit einem Mal steht so das Volk Israel am Ufer des Meeres, eingekeilt zwischen dem Abgrund vor den eigenen Füßen und der panischen Angst vor den Verfolgern im Rücken. Dieses Gefühl kennt jeder, der es wagt, dem alten Schema der Selbstentfremdung, des nicht gelebten Lebens, der Abhängigkeit zu entkommen. Das Wagnis, auch nur die ersten Schritte in diese Richtung zu tun, droht von den gleichen Kräften eingeholt zu werden, die zuvor schon den Wunsch nach einem sinnerfüllten Leben niederwarfen. Es fühlt sich dann so an, wie diese Bibelstelle es beschreibt: Man weiß nicht mehr ein noch aus, es scheint keinen Weg vorwärts und keinen Weg zurück zu geben. Man hat sich von den Kräften gelöst, mit denen es doch zeitweilig durch Anpassung und Gehorsam ein Auskommen gab. Eine Rückkehr würde aber bedeuten, sich erneut in Unfreiheit und ein ungelebtes Leben hineinzubegeben. Wann immer jemand etwas wagt, was er so bis dahin nicht hat leben können und dürfen, werden hinter ihm die Kampfwagen der alten Unterdrücker bzw. der neurotischen Verstrickungen nachrücken und versuchen ihn einzuholen. Das ist bei Triebwünschen ebenso wie bei geistigen Regungen. Wenn etwas wirklich Neues aufbricht, dann kann es wie eine Bedrohung empfunden werden. Plötzlich wird spürbar, wieviel an Zwang, an Unfreiheit, wieviel an Nötigung in dem steckte, was man vorher als ganz selbstverständliches Alltagsleben, als die ganz normale Routine erlebte. Das eigene Tun, die Veränderung gewinnt dann plötzlich eine Tragweite, die erschrecken kann. Man kennt sich nicht mehr aus, man weiß nicht mehr, wo man steht, man hat Angst, die Orientierung zu verlieren. Das führt oft zu großer Traurigkeit und zu Ängsten, die sich anfühlen wie ein Meer und ein Abgrund.

In der biblischen Geschichte ist es von Mose unglaublich viel verlangt, wenn er dem Volk den Ratschlag erteilt, still zu sein, also nichts zu tun. In Ruhe zu bleiben bei dem, wie es jetzt ist, und die Situation auszuhalten. Es ist nötig, eine Stille zu finden auf dem Weg in die Freiheit, im Angesicht der Angst. Daher ist es auch übertragen auf die persönliche Situation wichtig, bei sich selbst zu verweilen und sich noch einmal die Gründe vor Augen zu halten, warum man dort steht, wo man gerade ist. Es ist bedeutungsvoll, die Motive zu prüfen, die dahin geführt haben, und die Ängste zu vergessen, die aufgrund innerer Vorwürfe auftreten. Im biblischen Sinn würde das bedeuten, zu klären, ob wir die Macht spüren können, die sich hinter uns stellt und uns schützt. Das wäre in der Schilfmeergeschichte die Wolke, die sich zwischen die Israeliten und die Ägypter schiebt. Es genügt, dass ein Aufschub der unmittelbar nachstellenden Gefahr erreicht wird, denn so wie Jahwe das Meer austrocknet, so lassen die Ströme der Tränen, die Abgründe der Depressionen, die Unaushaltbarkeit der Angst allmählich nach. Es findet sich ein Weg an der

Stelle, wo früher keiner war. Und somit ist es ein unglaublich tröstlicher Satz, den Mose ausspricht: »So wie du die Ägypter jetzt siehst, wirst du sie niemals mehr sehen.«

Alle Angst, die aufbricht, ist hier nur ein Anfang. Alles, was dann passiert, kann nur besser sein als die Vergangenheit. Es sind die eigenen verzweifelten Gedanken, die eigenen Einengungen, mit denen all das untergeht, was an Furcht, an Vorwurf und Zweifel da war. Und wie sich Israel am anderen Ufer wiederfindet, so finden wir uns auch als einzelne Menschen auf der anderen Seite der Angst wieder.

Aber damit ist die Geschichte noch nicht zu Ende. Die biblischen Erzählungen kennen die Menschen besser als wir uns selbst. Und sie verfügen über einen langen Atem. Auf der anderen Seite des Meeres, also der Ängste und der Traurigkeit, wartet erst einmal eine Wüste auf uns. Man hat möglicherweise den alten Beruf aufgegeben, alte Bindungen abgebrochen, aber es ist noch lange kein eigenes, besseres und sinnhafteres Leben in Sicht. Zunächst ist eine Leere entstanden, die so bedrückend ist, dass der Gedanke aufkommt, es wäre besser gewesen, nie fortgegangen zu sein. In der biblischen Erzählung heißt der Ort jenseits des Meeres nicht ohne Grund *Mara*, »die Verbitterung«. Das, aus dem man lebt, die eigenen Quellen, das Wasser, das man trinken möchte, ist bitter geworden und schmerzhaft.

Es ist durchaus möglich, dass Gedanken auftreten, die wieder in Vorwürfen münden: War der Aufbruch nicht zu spät? Ist das Leben nicht schon beinahe vorbei? Ist es nicht schrecklich, dass erst jetzt die Veränderung eingetreten ist? Diese Gedanken können eine Bitternis, eine Verbitterung hinterlassen. Aus dieser »Wüste« herauszufinden bedeutet, nach und nach zu lernen, dass das, was bitter schmeckt, noch einmal neu durchdacht und neu durchfühlt werden muss. Dann spüren viele plötzlich, dass andere Geschmacksqualitäten dazukommen. Dasselbe Wasser, dieselbe Situation – sie fühlt sich nur völlig anders an. Es sieht anders aus und der Umgang mit Scham und Schuld ist ein anderer. Dann erst beginnt man den Aufbruch und die Veränderung endlich zu genießen. Wie eine Quelle, die lebendig macht und einem nun richtig gehört. Wenn Mose das Wandlungsholz in das Wasser wirft und aus der Bitterkeit süßes Wasser wird, so ist das ein Stück religiöse Erfahrung, dass man weiterziehen darf, ja sogar weiterziehen muss. Es ist die einzige Art, in der wir erleben können, dass Gott wirklich etwas möchte und will. Ganz in unserem Inneren, im Verborgenen, kaum Sichtbaren, Stillen, in unserer Seele redet Gott.

Es gibt Widerstände in der äußeren Realität, aber es ist möglich, sie zu verändern. Dazu braucht es einiges an Energie. Man benötigt gleichsam einen Stab und es gilt, hart zuzuschlagen, ehe sich Widerstände lösen. Doch das Abgrenzen, das Verändern, in sich hineinzuhören und spüren, wo der eigentliche Weg ist, kann man üben und lernen. Es bedeutet, sozusagen mit Energie so lange auf etwas Bestimmtes zu pochen und zu bestehen, bis es zu fließen anfängt und die Steine hergeben, was wir brauchen.

Wenn wir nun zur biblischen Geschichte zurückkehren, merken wir plötzlich, dass all diese Stationen einer inneren Logik folgen. Es geht also nicht nur um Meriba, den Ort, an dem Mose hier steht und der übersetzt so viel wie »Streit« oder »Widerstand« bedeutet, also um Protest, und Hader, sondern weiter auch um die Energie, den eigenen Willen notfalls auch gegen die Wirklichkeit durchzusetzen, und noch weiter um die Auseinandersetzung mit anderen Menschen. Das Symbol dafür in der Geschichte ist Amalek, ein Völkerstamm, der sich Israel in den Weg stellt. Das ist eine Situation, die zu dem Schwierigsten gehört, was uns begegnen kann, gerade für Menschen, die nie gelernt haben, sich in irgendeiner Weise auch nur bemerkbar zu machen, geschweige denn durchzusetzen. Wo sich Widerspruch meldet, ist man versucht, sich zurückzuziehen oder dem Widerspruch auszuweichen und zu versuchen, ihn zu umgehen. Aber mitunter ist es nötig, die eigene Wahrheit und das eigene Leben geltend zu machen, auch im Konflikt.

In der biblischen Erzählung gibt es die ergreifende Szene, in der die Arme des Mose im Gebet von Aaron und Hur gestützt werden, damit Joshua siegt. Hier wird deutlich, dass ein Vertrauen auf Hilfe und ein Gefühl für die Berechtigung des eigenen Standpunktes, des eigenen Weges, des eigenen Lebens möglich ist. Auch das hat eine religiöse Qualität. Es gibt eine Legitimation, man selbst sein zu dürfen, notfalls gegen Widerspruch und im Widerspruch. Wenn wir dann spüren, dass über unserem Leben die Hand Gottes liegt, die uns führt und beschirmt, lässt sich die Beziehung zwischen Gottvertrauen und Selbstvertrauen nicht mehr auseinanderreißen, denn beide bilden eine Einheit.

Bernd Deininger

# Bei sich selbst sein –
# unter den Augen Gottes

EXODUS 20,1-17

Woran soll man sich inmitten einer Zeit halten, die von wachsender Unordnung geprägt ist, in der sich das Gefühl von Unsicherheit breitmacht, in dem der Werteverfall an der Tagesordnung ist und es erheblich an Respekt voreinander mangelt? Wenn wir Politiker und andere einflussreiche Meinungsbilder hören, so vernehmen wir immer ähnliche Antworten: Am besten, wir halten uns an unsere Verfassung, an das Grundgesetz, an die demokratische Rechtsordnung. In Ausnahmefällen wird auch auf die Zehn Gebote hingewiesen. Ich denke: Die Zehn Gebote haben eine Tradition von mehr als 3000 Jahren und wurden der alttestamentlichen Erzählung nach Mose am Berg Sinai von Gott diktiert. Wenn heute die Menschen danach leben würden, könnte es sein, dass vieles auf der Welt weniger in Unordnung geraten wäre, als es derzeit der Fall ist.

Die Denkweise der Zehn Gebote fußt auf einer berühmten Stele, angefertigt etwa um 1700 v. Chr. in Mesopotamien unter dem König Hammurabi. Hier lassen sich die wesentlichen Aspekte, die in den Zehn Geboten zum Tragen kommen, bereits nachweisen. Insofern gründet die zentrale Offenbarung des Gottes Jahwe auf der orientalischen Denkweise Mesopotamiens. Als Menschen des 21. Jahrhunderts müssen wir uns fragen, was wir mit diesen alten Texten anfangen können, damit sie neben den Kriterien der Demokratie eine Art Richtschnur auf dem Weg in unser Leben werden können.

Problematisch wird es schon dadurch, dass wir Schwierigkeiten haben, den Worten »du sollst« zu folgen. Mit dieser Art von Sprache können wir nicht mehr viel anfangen, und das ist durchaus berechtigt. Schon Hermann Hesse, der eine schwierige Beziehung zu seinem Vater hatte, stellte sich gerade gegen die Aussage »du sollst«. Er hat es in etwa so beschrieben: »Sobald ich derart angeredet werde, regt sich in mir der Widerspruch und ich weiß, ich werde es auf keinen Fall tun.« Insofern trennen uns nicht nur 3000 Jahre an Zeit von diesen Geboten der Bibel, sondern auch, dass wir heute eine vollkommen andere Sprache sprechen und eine andere Einstellung zu dem haben, was wir befolgen sollen. Wenn etwas mit einem Befehlston und erhobenem Zeigefinger verkündet wird, regt sich in vielen von uns, ähnlich wie bei Hermann Hesse, Widerstand. Und das nicht ohne Grund, denn wenn jemand, zum Beispiel unsere Eltern, uns etwas gebieten oder befehlen und wir gehorchen, entsteht dadurch nicht automatisch Moral und Sittlichkeit. Denn das würde bedeuten: Nur wer sich unterwirft und keine eigene Meinung hat und Position bezieht, lebt moralisch richtig. Wenn dies so wäre, hätte Sigmund Freud mit seiner Äußerung Recht, dass die Moral der Massen identisch ist mit der verinnerlichten Gewalt. Die Menschen blieben dann ewige Sklaven, verschüchterte Kinder, folgsam, weil sie Angst vor Strafen haben. Was dann Sittlichkeit genannt würde, wäre nichts anderes als die Durchsetzung derer, die das Sagen und die Macht haben; ihr Diktat würde über Gut und Böse entscheiden. Wenn wir die menschliche Geschichte so betrachten würden, bedeutete das, im Grunde eine diktatorische und totalitäre Denkweise beizubehalten, mit dem Leitsatz: Recht ist, was die Macht befielt!

Schon Immanuel Kant hat vor etwa 230 Jahren in seiner philosophischen Interpretation der Zehn Gebote darauf hingewiesen, dass die Aussage »du sollst gehorchen« im Widerspruch zu einer wirklichen Moral steht. Entweder, so Kant, ist es Gott möglich, unabhängig von Gewitter und Erdbeben direkt zu den Menschen zu reden und das zu sagen, was der Mensch, wenn er vernünftig ist, sich selbst sagen kann, oder er hat den Menschen nichts zu sagen. »Du sollst« gilt nicht länger, sondern: »Rede vernünftig, wenn du etwas sagen willst, und dann wirst du nicht befehlen, sondern ermuntern, nicht niederdrücken, sondern dein Gegenüber sich entwickeln lassen.« Das, was Jürgen Habermas mit dem Begriff der »kommunikativen Vernunft« meint, wäre das, was im dialogischen Diskurs hervorgebracht werden muss. Es geht also um eine sprachliche Verständigung, indem sich Sprecher und Hörer über Dinge austauschen, die in ihrer äußeren Welt existieren und in ihrem Inneren vorgehen.

Der Geist der Aufklärung sieht da vieles richtig: Gott hat sich nicht in den Zehn Geboten geoffenbart, sondern er offenbart sich entweder immer für uns oder nie. Damit wir Gott in unserem Leben und im Alltag spüren können, müssen wir selbst als Person gemeint sein. Näher möchte ich mich nun mit dem vierten und fünften Gebot befassen.

»Du sollst Vater und Mutter ehren!« So steht dieses Gebot da als das einzig positiv formulierte. Die übrigen sind sämtlich als Verbote verfasst. Trotz dieser positiven Formulierung wird es viele Menschen geben, die in unterschiedlicher Weise unter der Autorität ihrer Eltern zu leiden hatten. Sie empfinden wohl ähnlich wie Hermann Hesse. Die Ablehnung jedes »du sollst« und die Ablehnung jedes Drucks, der damit verbunden ist, hat immer mit der Angst und dem Widerspruch eines Kindes zu tun, das sich von der Erziehungsgewalt der Eltern mehr unterdrückt denn geführt fühlt. Gerade die Kirche hat in der Vergangenheit das vierte Gebot so ausgelegt und verstanden: »Du sollst den Eltern gehorchen!« Diese Grundlegung hat nicht nur die Macht der Eltern und autoritärer Strukturen im individuellen Bereich gefestigt, sondern auch die Macht der Kirche. Eine stabile psychische Struktur entwickelt sich aber nur, wenn Eltern ihre Kinder groß werden lassen und ihnen die Liebe geben, die sie für ihr eigenes Dasein benötigen. Eine Eltern-Kind-Beziehung muss das

Gefühl von Sicherheit und Angenommensein als Kerninteresse beinhalten.

Eltern, die selbst in ihrer Kindheit einen Mangel an Ich-Struktur und Selbstbewusstsein erfahren haben, benutzen ihre eigenen Kinder häufig als Objekte und versuchen sie so zu beeinflussen, dass sie nicht ihr eigenes Leben, sondern das der schwachen Eltern führen. Manchmal hängen insbesondere Mütter ersatzweise am Leben ihrer Kinder, weshalb sie sie nicht loslassen können, weil sie ihr Lebensinhalt, ihre Lebensaufgabe sind, ohne die sie selbst gefühlt keine Lebensberechtigung haben. Aber der letzte und wichtigste Grund, Vater oder Mutter zu sein, ist doch der, primär dazu beizutragen, dass die Kinder in ihr eigenes Leben finden und ihr Glück selbst entwickeln. Es gibt jedoch viele Verstrickungen in Eltern-Kind-Beziehungen, die die Entwicklung der Kinder behindern und beeinträchtigen. Je weniger Kinder die Erlaubnis haben, einen eigenen Bereich in ihrem Leben zu entdecken, desto größer werden ihre Schuldgefühle sein, wenn sie sich den Eltern verweigern und sich von ihnen lösen wollen.

Wenn Jesus im Neuen Testament darauf hinweist, nur Gott als Vater und als Mutter zu bezeichnen, dann will er uns dazu ermutigen, von jeder menschlichen Abhängigkeit frei zu werden. Es geht darum, den Menschen zu ermuntern, das Vertrauen ins Grenzenlose, in eine Kraft, die wir nicht sehen und die doch unser ganzes Leben durchzieht, zu stärken. Dieser Aspekt aus der Religion kann uns die Möglichkeit verschaffen, gegen Autoritäten aufzustehen, die wir als Kinder zu ertragen hatten und anerkennen mussten, ob wir wollten oder nicht.

Wenn sich in einer Eltern-Kind-Beziehung Vertrauen und Angenommensein spürbar zeigen, dann ist es möglich zu lernen, selbstbewusst zu sein und sich nicht durch die Angst vor dem, was andere sagen, einschüchtern zu lassen. So betrachtet besteht das vierte Gebot darin, Selbstachtung und im Austausch mit den Eltern Vertrauen und Mut zu entwickeln, das eigene Leben in die Hand zu nehmen.

Im Austausch, im Dialog und im Bewusstsein des Angenommenseins, ohne Leistung zu erbringen, wird es dann möglich zu spüren, wer unsere Eltern wirklich waren, was sie emotional beschäftigte, wer unsere Mitmenschen sind und was in unseren Vorgesetzten am Arbeitsplatz vorgeht. Es wächst die Fähigkeit, andere zu verstehen, und damit auch die Sicherheit, auf sich selbst und in die Welt Vertrauen zu setzen. Selbstachtung und Anerkennung der anderen – beides hängt zusammen.

Dazu ein Beispiel aus meiner eigenen Erfahrung als Psychotherapeut: Ein Mann, der unter depressiven Anfällen und Panikattacken litt, kam zu mir und bat mich um Hilfe. Es war ihm nicht möglich, zu einer Frau eine längerfristige Beziehung aufzubauen. Die längste Verbindung hatte acht Monate gehalten. Seit einigen Jahren litt er zudem unter starken Rückenschmerzen, die chronisch geworden waren. Die Ärzte rieten ihm deshalb, sich einer psychosomatischen Behandlung zu unterziehen, da seine Schmerzen organmedizinisch nicht zu erklären waren. Aus seiner Familiengeschichte ist erwähnenswert, dass er seine Eltern sehr verehrte und sie für ihn die wichtigsten Menschen in seinem Leben waren. Er konnte an ihnen nichts finden, was er als negativ bezeichnet hätte. Der Vater war verstorben, als er zwölf Jahre alt war, Geschwister hatte er keine und seine Mutter heiratete auch nicht wieder. Bei näherem Nachfragen fiel ihm ein, dass er für die Mutter immer der wichtigste Ansprechpartner gewesen war. Der Vater kehrte nach dem Zweiten Weltkrieg traumatisiert zurück, hatte sich emotional völlig abgeschirmt und stand für die Mutter als Partner, mit dem sie sich hätte auseinandersetzen können, nicht zur Verfügung. Alles, was für die Mutter von Belang war, besprach sie mit ihrem Sohn. Schon als Kind hatte er deshalb erfahren, dass er als Partner für die Mutter den Vater ersetzen musste und so das Gefühl entwickelt, alles tun zu müssen, was er konnte, damit seine Mutter zufrieden war. Die Mutter hatte ihn immer sehr behütet und ihn aufgefordert, alles, was ihn beschäftigte, nur mit ihr zu besprechen. Als er älter wurde und sich für gleichaltrige Mädchen interessierte, versuchte sie immer wieder dies zu verhindern, indem sie an jeder Frau, mit der er sich traf, etwas auszusetzen fand.

Wieviel Wut und Aggression, wieviel Verzweiflung und unterdrückter Ärger wird sich wohl in diesem Mann angesammelt haben? Es war ein langer therapeutischer Prozess und verlangte ihm viel Schamhaftes ab, bis es ihm gelang, die Eltern wirklich so zu sehen, wie sie waren. Die Wut, die bis zu Mordfantasien reichte, musste in die therapeutische Beziehung eingebracht werden, und in der Folge die Schuldgefühle, die damit verbunden waren. Sich den Bildern der Eltern ehrlich und wahrhaftig zu stellen, war immer mit der Möglichkeit verbunden, dass er die therapeutische Beziehung abbricht. Aber es gelang ihm, sich diesen negativen Gefühlen zu stellen. Es war ihm dann möglich, die inneren Bilder, die er von Vater und Mutter hatte, zu korrigieren, und erst danach konnte er sich von Scham- und Schuldgefühlen den Eltern gegenüber freimachen. Es gelang ihm, durch die Veränderung seiner inneren Bilder den toten Vater anders zu sehen und der noch lebenden Mutter anders zu begegnen. Insofern ging es darum zu erkennen, dass es immer ein therapeutischer Vorgang ist, sich selbst besser zu verstehen, aber dass man damit auch die Möglichkeit schafft, den anderen so zu verstehen, wie er wirklich ist.

Wenn wir das Gebot »Du sollst Vater und Mutter ehren, damit du lange lebest in dem Land, das ich dir geben will« in die Sprache der Moderne übersetzen, so müssten wir sagen: »Gewinne für dich selbst so viel Unabhängigkeit, Freiheit und Selbstachtung, dass du Boden unter deine Füße bekommst, dann lernst du die Menschen an deiner Seite besser zu verstehen und zu respektieren.« Dies ist die einzige Möglichkeit, dass das psychische Leben nicht schon in der frühen Kindheit an ein Ende kommt, weil Reifung und Entwicklung nicht erlaubt sind, sondern sich ein erwachsenes Gefühl von Selbstachtung und Selbstwert entwickeln kann. Das Ehren von Vater und

Mutter ist selbst bei schwierigen Elternbeziehungen möglich, wenn die Beziehungen wahrhaftig betrachtet werden und sich die inneren Bilder, die wir uns von unseren Eltern gemacht haben, der Realität anpassen.

Neben dem vierten Gebot spielt auch das fünfte Gebot – »Du sollst nicht töten« – für unsere Kultur eine große Rolle. Jesus hat dieses Gebot in der Bergpredigt so weiterentwickelt, dass er am Ende zu absoluter Gewaltlosigkeit aufruft. Er möchte konkret darauf hinweisen, dass sich die Tragödie von Kain und Abel nicht mehr wiederholen sollte. Übersetzen wir die Gedanken Jesu in die Moderne, so müsste man sagen:»Nur wenn du das Gefühl hast, im Wesentlichen und Grundsätzlichen nicht bedroht zu sein, wenn du die Angst verlierst vor dem, was andere Menschen tun könnten, lernst du, frei zu werden von den möglichen Aggressionen, die du selbst in dir trägst. Durch die Sicherheit, die entsteht, wenn Menschen sich selbst besser kennenlernen und mit ihren triebhaften Seiten umzugehen in der Lage sind, wird es möglich sein, einen Raum des Friedens zu schaffen.« Was im vierten Gebot Selbstachtung genannt wird, kann im fünften Gebot als Selbstvertrauen und Selbstsicherheit wiedergegeben werden. Wenn Jesus im zehnten Kapitel bei Matthäus sagt: »Fürchtet nicht die Leute, die euch nur töten können, achtet nur Gott«, dann bedeutet das nicht wie im fünften Gebot: »Du sollst nicht töten«, sondern: »Glaube so sehr an dein eigenes Leben, glaube an die Festigkeit in dir und die Ruhe, die damit verbunden ist, dann wirst du nicht zu erschüttern sein.«

Ausgestattet mit einem guten Selbstgefühl ist der Boden bereitet, mit den eigenen inneren Aggressionen und Mordfantasien, die es immer wieder geben wird, umzugehen, und zwar in der Weise, dass sie ihre Bedrohlichkeit verlieren. Innere Aggression taucht meist dann auf, wenn dem Einzelnen von außen Unrecht geschieht – in Form von Mobbing bis zu »Fake News«. Dann ist es möglich, dass der Urheber der Intrigen massive Wut auslöst. Bei einem erwachsenen Umgang mit diesen Fantasien, was meint, über diese Dinge nachzudenken und sie zu reflektieren, wäre dann das Gebot »Du sollst nicht töten« eigentlich gar nicht mehr nötig.

Im Umgang mit anderen Menschen sind Eigenschaften wie Verantwortungsbewusstsein, Toleranz, Sachlichkeit und Aufgeschlossenheit, Kollegialität und Vorurteilslosigkeit nötig. Der wichtigste Begriff allerdings ist die Demut – vor dem anderen menschlichen Leben, aber auch vor dem Geschenk des eigenen Lebens. Demut ist etwas, das uns Menschen als Fähigkeit geschenkt wird, wenn wir im Vertrauen auf Gott handeln und unser Leben selbstbestimmt gestalten. Das meint, dass wir selbst unser Leben geschenkt bekommen haben und dies unserem Schöpfer verdanken. Dies gilt natürlich auch für unseren Nächsten, sodass es absurd wäre, die Todesstrafe einzuführen, da man damit den Willen Gottes, der eben Menschen das Leben geschenkt hat, desavouieren würde. Zudem glaube ich, dass die Demut, also der Respekt vor dem eigenen Leben, vor dem Leben des anderen bzw. der anderen, eine Lebenshaltung des gereiften Menschen ist, der zur Kenntnis nimmt, dass er aus eigener Kraft nur bedingt sich selbst und die Welt erklären kann. Das bedeutet insbesondere auch auf narzisstische Fantasien des Menschen bezogen, sich immer zu vergegenwärtigen, wie begrenzt unser eigenes Dasein ist und wie wenig wir über das, woher wir kommen und wohin wir gehen, wissen. Insofern ist Demut auch immer mit dem Gefühl des Respektes vor der Unerklärbarkeit des menschlichen Daseins zu sehen.

Bernd Deininger

# Stellvertretung - aus Liebe zum Menschen

## EXODUS 32,15-20 UND 32,30-34

Martin Luther lehrt uns in seinem »Kleinen Katechismus« auf das
Erste Gebot bezogen: »Ich bin der Herr, dein Gott, du sollst keine
anderen Götter neben mir haben. Was meint das? Wir sollen Gott
über alle Dinge fürchten, lieben und vertrauen.« Ergänzend fügt er
im »Großen Katechismus« hinzu: »Darum lasset uns das Erste Gebot
wohl lernen, damit wir sehen, wie Gott keine Vermessenheit, noch
Vertrauen auf irgend ein ander Ding leiten will und nichts Höheres
von uns fordert, denn ein herzlich Zuversicht alles Guten, also, dass
wir richtig und straks unseren Weg gehen und alle Güter, so Gott
gibt, brauchen, nicht anders, denn ein Schuster seine Nadel, Ahl und
Draht brauchet zur Arbeit und danach hinweg leget ... Lasset nur
keines der Güter, die Gott euch gibt, an die Stelle Gottes treten und
euren Herrn und Abgott sein.«

Wovor das erste Gebot uns bewahren will, ist das Geschöpf an
die Stelle des Schöpfers zu setzen, das Erdending zum Herrn der Welt
zu erklären. Wird dieses erste Gebot nur recht gehalten, so wird es
auch mit den anderen recht, denn, so schließt Luther: »Wo das Herz
wohl mit Gott dran ist und dies Gebot gehalten wird, so gehen die
anderen alle hernach.« Das bedeutet: So folgt die Erfüllung der anderen von selbst. Deshalb noch einmal im ganz Besonderen: Dies ist
das erste und wesentliche Gebotswort Gottes, das er selbst mit Gottes Schrift, wie es heißt, dem Mose auf die Tafeln schreibt – Gottes
Wirklichkeit übersteigt alles, sie ist frei, kann auf kein Ding, auf keine Sache festgelegt werden. Das ist es also, was auf den Gesetzesta-

feln am Berg Sinai den Israeliten zuallererst und am Wichtigsten eingeschrieben ist: Nur ja nicht Schöpfer und Geschöpf zu verwechseln. Gott übersteigt alles Endliche, er umgreift die ganze Welt, den Kosmos. Daraus kann gefolgert werden: Du sollst dir kein Bildnis machen; das Bild ist nämlich etwas, das festlegt, das sich binden lässt. Gott aber ist der alles Übersteigende, er ist die Freiheit schlechthin.

Wenn wir uns dieses Wort noch einmal verinnerlichen, so wird spürbar, welch ungeheuer befreiende Wirkung sich daraus ableiten lässt. Was dem Menschen im ersten Gebot mitgeteilt wird, meint: Es gibt nichts, was die Welt anbietet, das vergöttert werden könnte. Aus diesem Grund ermöglicht es dem Menschen den freien Umgang mit der Welt. Nun erst ist es ihm möglich, sich die Welt untertan zu machen, nun erst muss er aber auch nicht hinter jedem Ding etwas Bedrohliches vermuten, das heißt, dass eine göttliche Nymphe dem Fluss entsteigt oder sich ein Dämon hinter jedem Baum verbirgt oder ein fernes Geräusch, ein Donner, ein Blitz, ein Gespenst bedeutet.

Das erste Gebot hat deshalb den Charakter, alles zu entmystifizieren und die Welt für den Menschen ganz unmittelbar zur Verfügung zu stellen. Deshalb ist es eine befreiende Nachricht, die Mose mit den Gesetzestafeln zu seinem Volk bringt. Doch als er und Joshua, der an seiner Seite war, sich dem Lager der Israeliten nähern, hören sie schon von Weitem lautes Geschrei. Joshua, der erst an Kriegslärm denkt, wird von Mose darauf hingewiesen, dass es kein Geschrei von Siegern und Besiegten ist, sondern dass es sich um einen Gesang handelt. Als sie näherkommen, sehen sie, dass das israelitische Volk in wildem Tanz ein goldenes Kalb umringt. Es ist wie verzaubert von diesem von Hand gemachten Götzen. Das Volk ist also nicht irgendwelchen äußeren Feinden unterlegen, sondern letztendlich sich selbst. Was die Gesetzestafeln verhüten sollten, das hat Israel bereits getan: die Freiheit Gottes vergessen und ein endliches Ding, eben das goldene Kalb, an seine Stelle gesetzt. Aber dort, wo ein Endliches zum Absoluten, wo ein Bedingtes zum Unbedingten erklärt wird, handelt es sich um einen Abfall, um einen Verrat an dem einzigen und über allem stehenden Gott. Und das gilt nicht nur für das israelitische Volk, damals in der Wüste, vor mehr als 3000 Jahren, sondern auch für uns in unserer heutigen Zeit. Dies zu erkennen ist wichtig, um die »goldenen Kälber« der Zeit, in der wir leben, zu erkennen.

Der »Tanz um das goldene Kalb« zeigt sich heute nicht mehr darin, dass eine Orgie zu Füßen eines offenkundigen Götzen gefeiert wird, sondern dieser Tanz ereignet sich in einer vermeintlich rational aufgeklärten Gesellschaft. Es ist die Unterwerfung unter Ideologien, die ein glückliches Leben verheißen, eine sorglose Zukunft versprechen, aber in den meisten Fällen einen totalitären Machtanspruch verborgen in sich tragen. Dieser Machtanspruch zeigt sich sowohl in der Politik als auch in fundamental organisierten religiösen Zirkeln. Darum gilt es, besonders hellhörig und feinfühlig gegenüber all jenen Ideologien und Doktrinen zu sein, die ein »nur« glückliches Leben versprechen.

Überall dort, wo ein endlicher Ausschnitt der Wirklichkeit – sei es eine Sache, eine Person, ein Gebäude – an die Stelle des unendlichen Gottes gerückt wird, haben wir es mit »goldenen Kälbern« zu tun. Denn nichts, was der Mensch schafft, und nichts, was in der Welt ist, kann an die Stelle Gottes gesetzt werden. Deshalb bedeutet der Glaube an das erste Gebot auch immer, an allen Versuchen Kritik zu üben, die Weltliches zu Göttlichem zu erklären suchen. Um uns dies zu vergegenwärtigen, brauchen wir nicht allzu lange suchen. Es reicht, sich die Entwicklungen in der Wirtschaft anzusehen, die globalen Märkte, auf denen Materielles und Geld nicht nur ein »goldenes Kalb« darstellen, sondern geradezu »goldene Kälberherden«.

Hat nicht auch das Christentum selbst, etwa indem es versucht, Gott auf Dogmen und Vorschriften einzuengen, in gewisser Weise zu »goldenen Kälbern« gegriffen? Und ist es nicht so, dass man überall dort, wo man Gott auf bestimmte Frömmigkeitsstile und Frömmigkeitsformen festlegen möchte, um einen starren Götzen tanzt? Feststellen lässt sich: Wenn das Eigene, die eigene Weltsicht, das Bild, das sich auch Kirchen von Gott machen, für allgemeingültig erklärt wird und alles andere als verfehlt abgetan, handelt es sich um eine narzisstische Überschätzung, um Eigensinn und Kurzsichtigkeit.

Wo wir das Eigene zum absoluten Kriterium erheben, besteht die Gefahr, dass wir uns selbst zum Götzen machen und die äußerlichen Götzen nur Spiegelungen unseres Inneren sind. Die Merkwürdigkeit, die in unserer Erzählung berichtet wird, dass nämlich Mose das Standbild zerpulvert und dem Volk einverleibt, mag in diesem Sinne eine Erklärung sein. Tiefenpsychologisch gesprochen befördert Mose das Götzenbild wieder dorthin, wo es seinen Ursprung genommen hat: in das in sich verkehrte Innere. Das wäre eine wichtige Botschaft, die auch heute noch gültig ist: Die eigentlichen Götzen, das seid ihr Menschen selbst! Und zwar deshalb, weil ihr euer Eigenes für göttlich erachtet und Gott auf eure Eigenheiten beschränken wollt. Gott ist aber frei. Und aus diesem Grund ist immer dort, wo Gott im Mittelpunkt steht, auch Freiheit. Das meint allerdings etwas anderes als gleichgültige Willkür, den diese tut, was ihr in den Sinn kommt, und zerstört damit die Wirklichkeit der Freiheit, weil sie die Freiheit des anderen zunichtemacht. Freiheit – das ist vielmehr das integrierende Zusammensein der Menschen in ihrer Verschiedenheit, wo der Einzelne er selbst bleibt, ohne die Verschiedenheit des anderen gleichzusetzen.

Als Mose, vom Gottesberg herabsteigend, den Götzendienst des Volkes sieht, überflutet ihn von innen eine Aggressivität, ein Zorn, dem er nicht mehr Einhalt gebieten kann. Er zerschmettert die Tafeln, die er trägt. Dass er mit dieser Handlung Gottes eigenes Werk vernichtet, erscheint unerhört. Aber es weist nur darauf hin, welches Ausmaß an Erschütterung und Entrüstung Mose ergriffen hat. Das Bittere, das Mose erkennen muss, ist, dass das Volk sich unwürdig zeigt, das göttliche Geschenk der Gebote anzunehmen. Das Überraschende ist aber: Mose wendet sich auch in seinem Zorn nicht von seinem Volk ab. Er hält ihm lediglich den Irrtum, die Verfehlung vor. Gleichzeitig stellt er sich auf die Seite des Volkes und steht ihm bei. Trotz seiner Erschütterung ist er bereit, stellvertretend für sein Volk Sühne zu leisten. Am anderen Morgen, so heißt es in der Bibel, spricht Mose zum Volk: »Ihr habt eine große Sünde begangen. So will ich denn zum Herrn hinaufsteigen; vielleicht kann ich Sühne schaffen für eure Sünde.« Was bedeutet das? Mose versucht mit einer letzten Hingabe, bei der er auch sein eigenes Leben nicht schont, sich für sein Volk einzusetzen. Er will, wenn er vor Gott tritt, die Sünde der anderen auf sich nehmen. Sollte Gott nicht zur Vergebung bereit sein, so möge er ihn aus dem Buch des Lebens löschen.

An dieser Stelle wird das Motiv des Sterbens für die Sünde der anderen zum ersten Mal sichtbar und verbindet Mose mit Jesus. Was bei Mose nur eine angedeutete Möglichkeit bleibt, wird in Jesus vollendet: Sein Tod ist stellvertretendes Leiden, so sagt es zumindest das Neue Testament.

Wenn Sigmund Freud bei der Betrachtung der Mose-Statue des Michelangelo in St. Pietro in Rom davon angesprochen wird, dass dieses stellvertretende Leiden nicht aus einem inneren Gefühl von Schuld heraus zu erklären ist, sondern aus dem Gefühl der Freiheit, dann ist damit der Sachverhalt begriffen und verstanden. Freud ist von dem Anblick der Mose-Statue so berührt, dass er darüber ein Essay schreibt und mit dieser Gestalt bis zu seinem Lebensende ringt. Sein letztes und umfangreichstes Werk, das kurz vor seinem Tode vollendet wurde (»Der Mann Moses und die monotheistische Religion«), zeigt, wie sehr er, der als Erster versucht hat, unser Inneres zu erforschen, sich mit der Mose-Gestalt auseinandersetzt – vermutlich, um dieses stellvertretende Leiden nicht aus Schuld, sondern aus dem Gefühl der Freiheit heraus zu verstehen.

Wie können wir aber ein solches Leiden verstehen? Kommen wir nicht in gewaltige Schwierigkeiten, wenn wir uns die Konsequenzen des Gedankens der Stellvertretung verdeutlichen? Ist Schuld übertragbar und austauschbar? Kann es einen »Ersatzmann« in Sachen Sühne geben? Besteht nicht die Gefahr, dass der Mensch seine Selbstverantwortung dann nicht mehr wahrnehmen kann, die doch eben seine Menschlichkeit ausmacht?

Der Schuldige hat ein Recht auf Strafe. So zynisch das klingt, hat der Satz doch eine wichtige Bedeutung, denn wenn man einen Menschen in allem entschuldigt, bestreitet man nichts weniger als seine Zurechnungsfähigkeit. Muss also nicht, wo dem Menschen seine Menschlichkeit belassen werden soll, auch seine Unersetzbarkeit in der Schuld behauptet werden? Ist demnach der Gedanke der Stellvertretung nicht unmoralisch? In der Tat, er wäre es, würde er Ersatz und Austauschbarkeit bedeuten. Denn Gott selbst lehnt in unserem Exodus-Text einen Ersatz in Sachen Schuld ab. Aber es ist wichtig zu verstehen, dass Stellvertretung etwas ganz anderes ist. Ein Stellvertreter tritt für mich ein, er vertritt mich. Aber er will mich nicht ersetzen. So müssen wir zwischen Stellvertretung und Ersatz genau unterscheiden und sagen: Der Mensch ist unersetzlich, aber vertretbar – auch in Fragen der Schuld. Was bedeutet das? Stellvertretung geschieht zunächst einmal im ganz alltäglichen Sinn überall dort, wo Menschen füreinander eintreten – gerade dort, wo jemand eine Verfehlung begangen hat, wo einer an der Stelle fehlte, an der es eigentlich seine Pflicht gewesen wäre zu stehen. Die Verfehlung wird dann nicht einfach entschuldigt, im Gegenteil, der Stellvertreter führt mir ständig vor Augen, dass an der Stelle, an der er steht, eigentlich ich stehen müsste. Er entlässt mich also nicht einfach aus der Verantwortung, seine Anwesenheit erinnert mich vielmehr ständig daran, was ich eigentlich tun müsste. Zugleich hält mir der Stellvertreter aber die Stelle frei, an der ich unentschuldigt fehle, und er eröffnet mir gerade so die Möglichkeit eines Neubeginns.

Im Neuen Testament hat sich in der Person Jesu Gott selbst zum Stellvertreter der Menschen gemacht. Wo sie fehlen, da springt Gott selbst ein. Er selbst ergreift die Sache der Menschen und verwirklicht die von ihnen verfehlte Bestimmung. Die Liebe, die sie selbst nicht aufbrachten, hat Gott in Jesus geübt. Die Offenheit, der sich viele versperren, hat Gott selbst erschlossen. Eine zentrale Botschaft des Christentums ist daher: Gott selbst tritt in vielen Bereichen an unsere Stelle. Und das bedeutet am Ende, dass Gott Mensch wird, denn hier zeigt sich in besonderer Weise die Menschlichkeit Gottes. Das ist das Entlastende, dass Gott an die Stelle tritt, wo unser Eigensinn, unser verkehrtes Inneres uns selbst im Weg steht. Er hält uns mit seiner Liebe den Platz offen. Das ist das Überwältigende, dass Gott uns durch seine Stellvertretung einen Neubeginn möglich macht, wenn wir uns innerlich so verstrickt haben, dass wir anderen und uns selbst gegenüber nur noch schuldig sind. Das Erlösende ist dann, dass die Tat und die Schuld des Einzelnen, auch das ungelebte Leben und vertane Vergangenheit, nicht stärker sind als die stellvertretende Menschlichkeit Gottes.

Anselm Grün

# Gott lässt sich nicht benutzen

## 1 SAMUEL 4,1-11

Der historische Hintergrund zu dieser Erzählung in der Bibel ist, dass Philister und Israeliten sich ständig Kämpfe lieferten, bei denen die Philister in das Gebiet der Israeliten vordrangen. Da sie mit eisernen Waffen kämpften, waren ihnen die Israeliten meistens unterlegen. Erst als Samuel ein Fasten ausruft und das Volk alle Götzen aus seiner Mitte entfernt, besiegen die Israeliten die Philister. Später wird David den großen Philister Goliath nur mit einer Steinschleuder bewaffnet töten – im Namen seines Gottes. So wollen uns die Erzählungen von den Kämpfen der Israeliten mit den Philistern ermutigen, unser Vertrauen auf Gott zu setzen und nicht auf Ausrüstung, Waffen, nicht auf unsere Fähigkeiten und unsere eigene Kraft. Aber wir sollten dabei nicht an Kämpfe mit äußeren Feinden denken. Vielmehr ist unser Leben hier als ein Kampf zu verstehen. Bei diesem Kampf gegen die inneren Feinde, gegen unsere Lebensmuster, die uns gefangen halten, gegen Leidenschaften, die uns beherrschen möchten, können wir auf Gottes Hilfe und Segen vertrauen und müssen nicht nur auf unsere Disziplin und unsere Willensstärke setzen.

Es ist eine eigenartige Geschichte, die hier erzählt wird. Der erste Kampf der Philister gegen die Israeliten endet mit einem Sieg der Philister. Dann kommen die Ältesten Israels auf die Idee, dass sie die Lade Gottes – sozusagen das Allerheiligste des Volkes, in dem Gott als anwesend gedacht wurde – holen und mit ihr in den Krieg ziehen sollten, denn wenn Gott mit dem Volk kämpft, dann wird es auch siegen. Das entspricht ganz und gar der Theologie der Erzählungen von den Kämpfen Israels, doch hier geht die Rechnung offensichtlich nicht auf. Am Anfang sieht es noch so aus, dass das Freudengeschrei über die Ankunft der Lade wohl zum Sieg über die Philister führen wird. Dahinter steht der Gedanke: Wenn Gott selbst in der Mitte des Volkes ist, dann kann ihm kein Unglück widerfahren. Doch es kommt ganz anders: Die Philister siegen und erbeuten die Lade Gottes.

Die Geschichte warnt uns davor, uns in allzu großer Sicherheit zu wiegen, wenn wir glauben, Gott sei mit uns. Manche Formen von Frömmigkeit drücken die Überzeugung aus: Wenn Gott mit uns ist, kann uns nichts passieren. Dann werden wir immer Erfolg haben. Es gibt heute eine Bewegung, die sogenannte Erfolgstheologie, die sich vor allem in fundamentalistischen Kreisen ausbreitet. Die Grundthese ist auch hier: Wenn Gott mit uns ist, dann haben wir Erfolg. Das drückt sich meistens vor allem im wirtschaftlichen Erfolg aus, der als Zeichen dafür gesehen wird, dass man von Gott gesegnet ist. Hier wird das Geld an die Stelle Gottes gesetzt. Es geht nicht mehr um Gott, sondern um das Geld. Und Gott hat nur der Vermehrung des Geldes zu dienen. Andere sehen den Erfolg des Glaubens an Gott darin, dass er ihnen Gesundheit garantiert. Wenn sie voller Vertrauen zu Gott beten, dann wird er ihre Krankheiten heilen und sie gesund erhalten. Wieder andere sehen den Erfolg des Glaubens darin, dass sie mit sich zufrieden sind, dass sie mit guten Gedanken in den Tag gehen können. Das mag alles eine Frucht des Glaubens sein. Doch wenn ich den Glauben nur dazu benutze, dass es mir gutgeht und dass ich mich wohlfühle, dann – so sagt uns diese Geschichte von der Erbeutung der Bundeslade durch die Philister – ist das nicht der Glaube, den uns die Bibel lehren möchte.

Die biblische Geschichte kritisiert die Erfolgstheologie. Offensichtlich kannte man damals schon die Versuchung der Menschen, Gott für die eigenen Zwecke zu instrumentalisieren. Aber Gott lässt sich nicht benutzen. Es kommt ganz im Gegenteil darauf an, sich Gottes Willen zu unterwerfen, weder Gott noch Götzen für sich zu reklamieren, sondern sich dem wahren und einzigen Gott zu öffnen und seinen Willen zu erfüllen. Es geht hier also um die Grundfrage an uns Menschen: Wie stehe ich zu Gott? Benutze ich ihn für mich? Oder bin ich bereit, ihm zu dienen, mich ihm zu unterwerfen? Die Ankunft der Lade ruft bei den Israeliten Freudengeschrei hervor. Wenn wir Gottes Gegenwart erfahren, kann uns das emotional aufwühlen. Wir spüren, dass er in unserer Mitte ist und unserem Leben eine neue Qualität schenkt, die Qualität von Freude und Vertrauen. Wir sind nicht allein auf uns gestellt. Gott ist bei uns. Er kämpft mit uns und für uns. Doch wir sollten uns nicht einfach auf Gottes Gegenwart verlassen. Er lässt sich nicht für die eigenen Zwecke benutzen. Gott ist der Herr. Und unsere Aufgabe als Mensch besteht darin, uns ihm zu unterwerfen und ihn als den alleinigen Herrn anzuerkennen.

Gott wird oft genug im Gebet benutzt. Wir beten zu Gott, dass er uns beisteht. Die Psalmen berechtigen uns zu solchem Gebet, das heißt: Wir dürfen Gott all unsere Bitten und Anliegen vortragen. Dazu ermutigt uns auch Jesus im Vaterunser. Wir dürfen auch um unser »tägliches Brot«, also unsere irdischen Bedürfnisse bitten. Aber bei aller Bitte sollen wir immer auch beten: »Dein Wille geschehe!« Oder, wie die Psalmen es ausdrücken: Wir dürfen Gott um den Sieg bitten. Dabei ist allerdings nicht der Sieg über äußere Feinde gemeint, sondern der über all die neurotischen Lebensmuster, die uns das Leben erschweren. Es ist der Sieg gegen innere Feinde. Ein solcher innerer Feind kann ein »Antreiber« sein, der uns ständig sagt: Sei stark, sie perfekt, leiste noch mehr, zeige dich, stelle dich dar, übertrumpfe die anderen! Solche Antreiber machen uns das Leben schwer. Wir dürfen Gott um den Sieg über diese inneren Zwänge bitten. Aber zugleich sollten wir uns immer wieder bewusst machen: Es liegt an Gott, ob er uns siegen lässt.

Ein Beispiel: Paulus hat Christus darum gebeten, dass er über den inneren Feind, über seine Krankheit siegt, über den »Stachel im Fleisch«, wie Paulus es nennt. Er hatte den Eindruck, dass diese Krankheit ihn bei seiner Missionsaufgabe schwächt, denn sie ließ ihn vor jenen, denen er den Glauben verkünden wollte, schwach erscheinen. Paulus geniert sich offensichtlich seiner körperlichen Schwäche, wie immer diese auch ausgesehen haben mag. Doch Christus verweigert ihm den Sieg und antwortet ihm auf seine Bitte: »Meine Gnade genügt dir; denn sie erweist ihre Kraft in der Schwachheit« (2 Kor 12,9). Wenn Gott uns nicht siegen lässt, hat auch das einen Sinn. Dann erkennen wir: Wir können Gott nicht benutzen, damit es uns gutgeht, damit wir immer gesund sind, uns immer wohlfühlen, frei sind von Ängsten und Depressionen. Es ist unser Wunsch, dass Gott uns befreit von unserer Angst und Depression. Aber was machen wir, wenn wir uns nicht befreit fühlen? Haben wir dann das Gefühl, dass wir zu wenig auf Gott vertraut haben? Dann würden wir die Schuld bei uns selbst suchen. Oder aber wir würden Gott anklagen, dass er uns nicht hilft. Die Bibelstelle will uns sagen: Wenn die Angst oder Depression nicht einfach weggeht durch die Nähe Gottes, dann sollten wir uns fragen: Was will mir meine Angst, meine Depression sagen? Vielleicht will sie mich in die eigene Tiefe führen, an den Nullpunkt, wo ich meine eigene Ohnmacht spüre. Aber so sagt uns die Bibel: Gerade dort, wo wir mit unserer Kraft zu Ende sind, wo wir uns in Gott hinein ergeben, kann etwas Neues aufbrechen. Dort können wir auf neue Weise Gottes Gnade erfahren als eine heilende und befreiende Gnade.

Gott lässt sich nicht benutzen. Das ist die Lehre dieser Geschichte, die auf den ersten Blick vom Krieg erzählt. Er lässt sich nicht von seinen Gläubigen benutzen, aber auch nicht von seinen Feinden. Die Philister erbeuten die Lade Gottes. Das ist für Israel eine ungeheure Niederlage. Sie haben das Gefühl, dass sie das Heiligste in ihrer Mitte verloren haben. Es erschüttert ihren Glauben. Ist Gott denn nicht allmächtig? Lässt er sich von den Feinden erbeuten? Das ist eine Herausforderung an ihren Glauben und an ihre Sicht auf Gott. Sie müssen sich sozusagen ein anderes Gottesbild erschaffen, weil das alte – Gott garantiert unseren Sieg – nicht mehr trägt.

Doch auch die Philister können sich Gottes nicht bemächtigen. Sie besitzen nun zwar seine Lade, aber sie bringt ihnen kein Glück: Im Folgenden wird erzählt, wie ihr Götze Dagon neben der Lade Gottes immer wieder auf die Erde fällt. Und schließlich zerfällt die Statue ganz: »Dagons Kopf und seine beiden Hände lagen abgeschlagen auf der Schwelle. Nur der Rumpf war Dagon geblieben« (1 Sam 5,4). Zudem bekamen die Menschen in Aschdod, dem Ort, in den die Philister die Lade gebracht hatten, die Beulenpest. Daher beschlossen sie, die Lade zusammen mit weiteren Geschenken zu den Israeliten zurückzubringen.

Gott lässt sich von niemandem benutzen. In der Vergangenheit führten Völker in seinem Namen gegeneinander Krieg. Und der Sieg war für sie oft ein Zeichen, dass ihr Glaube der Rechte ist. Oft war es derselbe Gott, den die sich bekämpfenden Parteien für sich in Anspruch nahmen: Katholiken kämpften gegen Protestanten und umgekehrt. Doch Gott richtet sich nicht nach den Gedanken der Menschen. Er ist frei. Er lässt sich von niemandem benutzen.

Die Philister denken gleich nach ihrem Sieg, sie hätten den Gott der Israeliten nun in der Hand. Sie waren nicht einfach Atheisten, sondern dienten nur anderen Göttern. Heute können sie für uns ein Bild sein für Menschen, die irgendwelchen Götzen dienen: dem des Erfolges, der Macht, des Geldes. Solche Menschen meinen, sie hätten ihr Leben im Griff und es sei einfacher als das der Gläubigen, die sich um die Gebote Gottes kümmern müssen. Aber auch ihnen wird in dieser Geschichte gesagt: Freut euch nicht zu früh. Der scheinbare Sieg über Gott führt oft genug zu innerer Unruhe und Zerrissenheit.

Nach der Ansicht C. G. Jungs gerät der Mensch, der Gott leugnet, in eine persönliche Krise. Die Krise in der Lebensmitte ist seiner Meinung nach oft ein Zeichen, dass jemand sich von seiner inneren Gottessehnsucht distanziert hat. Wer allerdings gegen die Weisheit der Seele verstößt, so meint er, der wird ruhelos, rastlos und neurotisch. Die Bibel beschreibt die Folgen dieser Leugnung der Gottessehnsucht als Beulenpest. Der Mensch kann nicht über sich verfügen. Wenn er etwas Wesentliches in seiner Seele leugnet, dann drückt sich das oft über den Körper aus. Man erkennt also bereits von außen, dass jemand mit sich nicht zufrieden oder innerlich hart geworden ist oder oberflächlich und leer.

Es gibt noch einen weiteren Anknüpfungspunkt in dieser alten Geschichte für uns heute: Auch in unseren Zeiten töten Menschen wieder im Namen Gottes. Und wenn sie Erfolg haben, ist das für sie Zeichen, dass ihr Glaube der einzig wahre ist. Doch wer seinen Glauben mit Gewalt durchsetzen muss, der zeigt schon, wie schwach er eigentlich ist. Er lässt sich vom Glauben anderer so verunsichern, dass er sie töten muss. Sonst kann er ihn nicht durchhalten. Der scheinbare Sieg wird auf Dauer zur Niederlage. Das zeigt uns auch diese alte Geschichte. Sie scheint Vergangenes zu erzählen. Aber es ist ein Bild für unsere heutige Wirklichkeit.

Die Fortsetzung der Erzählung ist für uns heute ebenfalls schwer verständlich: Wir würden erwarten, dass nach der Rückkehr der Lade nach Israel alles wieder in Ordnung ist, dass sich alle daran freuen. Doch die Leute in Bet-Schemech, die sie in Empfang nehmen, werden bestraft. Siebzig Menschen sterben, weil sie die Lade Gottes angeschaut haben. Das ist uns fremd. Wenn wir versuchen, es für uns heute zu deuten, dann meint das: Wir können weder Gott noch seine Bundeslade besitzen. Es braucht die Haltung der Ehrfurcht, um sich Gott zu nähern. Er ist nicht wie eine vertraute Lade, die wir anschauen und betasten können. Gott ist der unbegreifliche. Die Haltung ihm gegenüber, so meint der Religionsphilosoph Rudolf Otto, muss von Liebe und Ehrfurcht geprägt sein. Gott ist zugleich das Faszinosum und das Tremendum, das Faszinierende und das Erschreckende. Gott ist immer auch der, vor dem wir erschrecken wegen seiner unendlichen Größe und Weite. Von diesem Gott sagt der 1. Timotheusbrief, dass er der selige und einzige Herrscher ist, »der König der Könige und Herr der Herren, der allein die Unsterblichkeit besitzt, der in unzugänglichem Licht wohnt, den kein Mensch gesehen hat noch je zu sehen vermag« (1 Tim 6,15f).

Wir dürfen den biblischen Text nicht so deuten, dass Gott launisch wäre und alles bestraft, was ihm nicht passt. Vielmehr sind in diesen alten Geschichten Weisheiten verborgen, die heute noch für uns gelten: Gott ist eben nicht einer, den man ohne Weiteres anschauen kann. Er ist unsichtbar. Im Alten Testament gilt zudem: Wer Gott sieht, muss sterben. Das heißt für uns: Gott ist unsichtbar. Wer meint, er könnte Gott schauen, der vereinnahmt ihn für sich. Und das ist gegen das Wesen Gottes. Mose und Elija dürfen den Mantelsaum Gottes schauen bzw. seinen Rücken. Aber sein Gesicht darf und vermag kein Mensch zu sehen. Wir können nur die Spuren Gottes in dieser Welt wahrnehmen und bewundern. Auch unsere Träume und Visionen sind nur eine Ahnung von ihm. Doch Gott selbst können wir nicht schauen, schon weil auch das eine Art der Vereinnahmung wäre. Doch der Mensch hat keine Macht über Gott und darf ihn nicht für sich benutzen, weder zum Sieg im Kampf noch zum Erfolg in Geldgeschäften noch für psychische Vorteile oder für das eigene Wohlgefühl. Wir brauchen ein Gespür für die Andersartigkeit Gottes. Nur dann gehen wir angemessen mit ihm um.

Anselm Grün

# Gott in der Stille finden

1 KÖNIGE 19,1–13

In diesem Text treffen wir den Propheten Elija auf dem Höhepunkt seines Erfolges: Er hat es geschafft und 450 Baalspriester besiegt. Dass er sie alle umbringen ließ, ist uns heute fremd. Historisch betrachtet war jedoch die Verehrung des Baal die größte Gefährdung für Israel. Baal und seine Frau Aschera galten als die Götter der Fruchtbarkeit, die Götter des Erfolges. Es waren eher mütterliche Gottheiten. Jahwe dagegen war der männliche Gott, der Kriegsheld. Für uns heute ist es etwas schwierig, den Gegensatz zwischen dem Glauben an Jahwe und an Baal zu verstehen. Jahwe war ein Gott, der Gehorsam verlangte und der allein angebetet werden wollte. Er befahl seinen Gläubigen, dass sie sich vom Götzendienst befreiten.

Wenn wir den Gegensatz zwischen Jahwe und Baal für uns heute fruchtbar machen wollen, dann steckt der Kern dieser Geschichte in der Aussage, dass wir Gott allein anbeten sollen und nicht noch weiter irgendwelchen Götzen folgen. Das Geld kann zum Götzen werden, der Erfolg, die Fruchtbarkeit, die Anerkennung, das Weiterkommen auf der Karriereleiter. Und dann können wir vielleicht durchaus verstehen, dass Gott als einziger Gott angebetet werden will. Die Anbetung Gottes soll ihm alle Ehre bezeugen. Aber Gott ist kein Götze, der uns die Wünsche nach Reichtum und Erfolg erfüllt. Es geht also letztlich wieder um unser Gottesbild.

Der Prophet Elija hat allein gegen die 450 Baalspriester gekämpft und gesiegt und damit das Volk offenbar davon überzeugt, dass es den einen Gott Jahwe verehrt und nicht nebenbei noch irgendwelche anderen Götzen. Doch ausgerechnet jetzt, auf dem Höhepunkt seines Erfolges, gerät Elija in eine Krise. Die heutige Psychologie kennt den Begriff der Erfolgsdepression: Gerade, wenn man viel Kraft in ein Anliegen, ein Projekt investiert hat, spürt man, wenn man es erfolgreich realisiert hat, auf einmal eine innere Leere, eine depressive Verstimmung. Man hat das Gefühl: Es hat alles nichts genutzt. Ich habe so lange darauf hingearbeitet. Aber der Erfolg fühlt sich gar nicht so gut an wie erhofft. Auf dem Höhepunkt des Erfolges fühlen viele sich auf einmal einsam, alleingelassen, ohne Sinn.

In eine solche Erfolgsdepression ist Elija geraten. Und der Text verrät uns, was bei ihm der Grund war: Elija hatte keine Angst vor dem König Ahab. Er ist ihm mutig entgegengetreten. Doch jetzt, da ihn die Königin bedroht, bekommt er auf einmal Angst. Mit Männern kann er offensichtlich gut streiten. Doch gegenüber der Frau fühlt er sich unsicher. Da greifen seine Strategien nicht mehr. Isebel war die Königin, die die Propheten der Aschera, der Muttergöttin, an ihrem Tisch speisen ließ. Offensichtlich begegnet Elija in Isebel seinem eigenen Schatten, seiner *Anima*, wie C. G. Jung sagen würde. Damit weiß er nicht umzugehen. Er hat bisher nur in der männlichen Welt gelebt. Doch jetzt macht sich bemerkbar, dass er die weibliche Seite seiner Seele verdrängt hat. Ihr gegenüber fühlt er sich hilflos. Da hat er nicht die Mittel bereit, die er in seiner Auseinandersetzung mit dem König Ahab und gegen die 450 männlichen Baalspriester offensichtlich hatte.

In seiner Angst läuft Elija in die Wüste, um sein Leben zu retten. Die Angst gibt ihm die Kraft zu fliehen. Aber als er allein weiter in die Wüste vordringt und sich unter einen Ginsterstrauch setzt, fühlt er sich auf einmal völlig kraftlos. Jetzt möchte er am liebsten sterben. Kurz zuvor rannte er noch um sein Leben. Doch jetzt hat er keine Lust mehr, weiter zu leben. Den Grund für seine Lebensmüdigkeit nennt der Prophet selbst: »Nun ist es genug, Herr. Nimm mein Leben, denn ich bin nicht besser als meine Väter« (1 Kön 19,4).

Der erste Satz, den er spricht, beschreibt die typische Erfolgsdepression: Gerade wenn wir sehr viel Kraft für ein Vorhaben mobilisiert haben, überfällt uns manchmal am Höhepunkt des Erfolges die Depression. Auf einmal haben wir das Gefühl: Ich bin leer, ausgepumpt. Es ist jetzt genug. Es reicht. Ich habe keine Lust und auch keine Kraft mehr. Der zweite Satz offenbart einen anderen Grund für die Depression: »Ich bin nicht besser als meine Väter.« Seine Vorfahren waren vom Jahwe-Glauben abgerückt und hatten den Baal angebetet. Er erkennt, dass er das, was er an den Baalspriestern so erfolgreich bekämpft hat, selbst auch in sich hat. Er hat also in den Baalspriestern seinen eigenen Schatten bekämpft. Jetzt wird er mit ihm konfrontiert. Das erschüttert ihn. Solange er sich auf dem Höhepunkt seines Erfolges als Prophet wähnte, der auf der richtigen Seite steht, der ganz und gar Jahwe anhängt, spürte er Kraft in sich. Aber jetzt, da er erkennt, dass die Tendenz, dem Erfolg mehr zu trauen als Jahwe, auch in ihm selbst ist, möchte er nicht mehr weiterleben.

Elija legt sich also unter den Ginsterstrauch und schläft ein. Sich mitten in der Wüste einfach schlafen zu legen, kommt schon fast einem Suizidversuch gleich. Elija ist das alles gleichgültig. Es ist ihm egal, ob er weiterlebt oder stirbt, ob die Verfolger ihn finden und töten. Er hat einfach keine Lust mehr. Doch Gott lässt ihn nicht in Ruhe. Er schickt ihm einen Engel, der ihn anrührt und ihm befiehlt: »Steh auf und iss!« (1 Kön 19,5) Der Engel zeigt einmal, dass Gott sich um seinen Propheten kümmert und für ihn sorgt. Zum anderen stört der Engel aber den Schlaf, in den sich Elija geflüchtet hat. Elija wollte nicht mehr weiterkämpfen. Er hatte genug vom Kampf. Doch jetzt zeigt ihm der Engel Brot, das in glühender Asche gebacken wurde. Das könnte ein Bild dafür sein, dass seine verbrannten Illusionen und Wünsche die Glut werden, auf dem ein Brot gebacken wird, das ihn stärkt auf seinem Weg. Mitten in der Krise entsteht also etwas, das uns nährt. Der Engel verweist Elija zudem auf einen Krug mit

Wasser. Es steht für die Quelle des Lebens und ist die Verheißung, dass das Leben in Elija wieder zum Fließen kommt, dass die Starre aufbricht und das Vertrocknete sich mit Leben füllt. Das Wasser möchte ihn wieder in Berührung bringen mit der Energie und Dynamik seiner Seele.

Es ist tröstlich, dass der Prophet aufsteht und isst und trinkt und sich dann wieder hinlegt. Weder der Engel noch Speise und Trank haben ihn aus seiner Lethargie, aus seiner Depression befreit. Er legt sich wieder hin und schläft weiter. Doch Gott hat Geduld. Er schickt den Engel zum zweiten Mal und dieser spricht ihn wieder mit den gleichen Worten an, fügt aber noch hinzu: »Steh auf und iss! Sonst ist der Weg zu weit für dich« (1 Kön 19,7). Für mich ist das ein tröstliches Bild. Es erinnert mich an einen Mann, der alkoholkrank war und mir erzählte: »Ich habe eine Entziehungskur gemacht und mit dem Trinken aufgehört. Doch dann wurde ich rückfällig. Erst als ein Freund mich nochmals angesprochen hat, bin ich aufgestanden und konnte trocken bleiben.« Der Text kann auch eine Hoffnung sein für jemanden, der an Depression leidet. Manche haben in der therapeutischen oder seelsorglichen Begleitung erfahren, dass es ihnen besser geht. Doch dann kommt die Depression zurück und sie geben sich völlig auf. Sie meinen: Es hat doch alles keinen Zweck. Ich komme einfach nicht los von der Krankheit. Dann braucht es einen Engel, der Geduld hat, der ein zweites und ein drittes Mal kommt und sagt: »Steh auf und iss!«

Elija isst und trinkt und wandert durch diese Speise gestärkt vierzig Tage und vierzig Nächte zum Gottesberg Horeb. Er wird hier mit Mose verglichen, der vierzig Tage auf dem Sinai (Sinai und Horeb meint den gleichen Berg) gefastet hat. Der Prophet kommt am Gottesberg an und übernachtet in einer Höhle. Die Höhle steht für den Mutterschoß und ist sowohl Symbol für den Tod wie für die Geburt, allerdings auch für den Abstieg in die eigene Tiefe. Elija muss sich selbst auf den Grund gehen, er muss seiner eigenen Wahrheit begegnen. In der Höhle hausen Schlangen und Drachen. Der Prophet begegnet seiner eigenen Wahrheit, seinen eigenen Schattenseiten. Doch zugleich ist die Höhle ein Ort der mütterlichen Geborgenheit. Elija möchte nach der Mühe der vierzigtägigen Wanderung ausruhen. Er möchte den mütterlichen Aspekt Gottes erleben, Gott als den, der ihm Geborgenheit und Heimat schenkt. Das ist verständlich. Doch Gott lässt ihm wieder keine Ruhe. Er spricht ihn an: »Was willst du hier, Elija?« (1 Kön 19,9) Als er dem Herrn antwortete, er habe für ihn gekämpft, aber die Israeliten seien alle von ihm abgefallen und er sei allein übriggeblieben, erkennt Gott sein Wirken nicht an. Vielmehr fordert er ihn auf: »Komm heraus und stell dich auf den Berg vor den Herrn!« (1 Kön 19,11) Elija muss sich dem Leben stellen. Er kann sich nicht einfach zurückziehen und sich in der Meditation in seiner mütterlichen Höhle einigeln. Er muss sich auf den Berg stellen. Dort weht ein heftiger Wind. Er muss sich den Auseinandersetzungen des Lebens stellen. Spiritualität bedeutet nicht Flucht in die Innerlichkeit, sondern sich aus der inneren Erfahrung heraus dem Leben zu stellen.

Dann nimmt Gott Elija gleichsam in die Schule. Er zeigt ihm sein wahres Wesen, wo er zu finden ist und wo nicht. Elija meinte, er würde für den wahren Gott kämpfen und die Götzen bekämpfen. Doch Gott zeigt ihm, dass er noch immer ein falsches Gottesbild in sich trägt. So muss der Prophet in die Schule gehen, um zu lernen, wer Gott wirklich ist. Zunächst zieht Gott im Sturm vorüber. Aber Gott ist nicht im Sturm. Der Sturm steht für die Begeisterung. Oft reißen uns wunderbare Predigten zu Begeisterungsstürmen hin. Oder wir erleben im Gottesdienst heftige Gefühle der Begeisterung. Doch Gott ist nicht im Sturm. Gefühle können Gottes Gegenwart anzeigen. Aber wir dürfen Gott nicht mit den Gefühlen gleichsetzen. Manche setzen sich unter Erfahrungsdruck: Sie wollen Gott immer spüren, immer in ihren Gefühlen wahrnehmen. Wir können dankbar sein, wenn Gottes Gegenwart in uns Gefühle hervorruft. Aber wir dürfen Gott nicht mit unseren Gefühlen identifizieren.

Nach dem Sturm folgt ein Erdbeben. Aber auch darin ist Gott nicht zu finden. Das Erdbeben steht für das Bild eines Gottes, der mit seiner Macht Gebäude zerstört, in denen sich der Mensch eingerichtet hat. Und das Erdbeben ist ein Bild dafür, dass Gott als der Mächtige erscheint, der die Macht der Menschen bricht, vor allem die Macht der Feinde, die uns das Leben schwermachen. Wir möchten gerne, dass Gott sich als machtvoll erweist und alles Böse aus dieser Welt ausrottet. Manchmal können wir ihn durchaus so erfahren. Aber wir dürfen ihn nicht mit dem Erdbeben identifizieren. Gott war nicht im Erdbeben. So muss es der Prophet erkennen.

Nach dem Erdbeben folgt ein Feuer. Feuer kann durchaus ein Bild für Gottes Gegenwart sein. Er erscheint dem Mose im brennenden Dornbusch und geht dem Volk Israel bei seinem Auszug aus Ägypten als Feuersäule voraus. Und auch Elija selbst hat Gott als Feuer erfahren: Als er von einem Hauptmann mit fünfzig Mann eingeholt wird und den Befehl erhält, vom Gipfel des Berges herunterzusteigen, antwortet ihm der Prophet: »Wenn ich ein Mann Gottes bin, so falle Feuer vom Himmel und verzehre dich und deine Fünfzig.« Sogleich fiel Feuer vom Himmel und verzehrte ihn und seine Leute (vgl. 2 Kön 1,10). Feuer steht also für einen Gott, der die Feinde vernichtet. Es brennt alles nieder, was in uns gegen Gott steht. Feuer steht auch für unseren Perfektionismus: Alle Fehler sollen in uns verbrannt werden, so wie Gold im Feuer geläutert wird. Doch hier heißt es, dass Gott nicht im Feuer war. Er ist nicht der, der alles Unreine verbrennt. Er kann manchmal im Feuer erscheinen. Aber wir dürfen Gott nicht mit dem Feuer identifizieren.

Dann erscheint Gott – ganz anders als erwartet: »Nach dem Feuer kam ein sanftes, leises Säuseln« (1 Kön 19,12). Man kann den hebräischen Ausdruck unterschiedlich übersetzen. Manche sprechen von der »Stimme einer leisen Windstille« (Hentschel). Luther übersetzt, dass Gott im »stillen, sanften Sausen« vorüberzieht. Martin Buber sagt: die »Stimme verschwebenden Schweigens«, andere nennen es »Wehen der Windstille«. Als Elija diese leise Stimme hörte, »hüllte er sein Gesicht in den Mantel, trat hinaus und stellte sich an den Eingang der Höhle« (1 Kön 19,13). Gott lässt sich nicht festhalten. Elija verhüllt sein Gesicht, er verzichtet auf seine Neugier, Gott zu schauen und geht stattdessen nach innen, um im Innern, in der Stille seines Herzens die leisen Impulse Gottes zu hören. Dass Gott in der Stille erscheint, zeigt auch, dass alle unsere Aussagen über Gott immer wieder durch das Schweigen infrage gestellt werden. Stillsein heißt: Ausschau halten nach der leisen Stimme Gottes, Horchen auf die leisen Impulse unseres eigenen Herzens. Wir können Gott nicht festhalten. In der Stille entzieht er sich immer wieder. Im Schweigen können wir ihn erahnen, aber nicht beschreiben. Alle Worte über Gott werden durch die Stille infrage gestellt und geläutert.

So führt uns diese Erzählung von der Gotteserfahrung des Elija am Berg Horeb zu der Frage, wie wir heute Gott erfahren können. Es gibt die einen, die wie Elija am Anfang dieser Erzählung genau zu wissen scheinen, wer Gott ist. Sie kämpfen für ihn, treten für ihn ein. Sie unterscheiden ihren Gott von den Göttern anderer Menschen, von den Götzen, die sie bei anderen ausmachen. Das gibt ihnen Kraft. Aber es macht sie oft auch hart und besserwisserisch. Dann gibt es andere, die in ihrem Glauben enttäuscht werden und am liebsten alles, wofür sie gekämpft haben, loslassen würden. Sie haben den Eindruck, dass aller Einsatz für Gott keinen Sinn ergibt. Gott lohnt diesen Einsatz nicht und sie haben keine Kraft mehr in sich, sich noch weiter für Gott einzusetzen. Ich beobachte diese Haltung bei vielen, die sich nach dem Zweiten Vatikanischen Konzil für die Kirche und deren Reformation engagiert haben. Sie haben an einen neuen Frühling geglaubt und sich dann aus Enttäuschung über die Verhärtung in der Kirche ganz und gar abgewandt. Aber sie leiden an dieser Enttäuschung. Sie spüren noch eine Sehnsucht in sich, dass

Gott in der Stille finden

es mehr geben muss als das resignierte Sich-Einrichten, als der Schlaf unter dem Ginsterstrauch, der alles vergessen lässt, wofür sie früher gekämpft haben.

Dann gibt es die Menschen, die den Glauben als Oase des Wohlfühlens verstehen, die sich in die Höhle der Spiritualität zurückziehen und meinen, das sei die wahre Spiritualität. Doch Spiritualität, wie sie der biblische Text versteht, verlangt, dass wir uns der Wirklichkeit des Lebens, den Stürmen des Lebens stellen, der um die Berge weht.

Wieder andere binden ihre Gotteserfahrung an ganz bestimmte Bilder, zum Beispiel das des Sturms, der Begeisterung, der starken Gefühle, oder an das Bild des Erdbebens. Sie möchten, dass Gott endlich eingreift in diese Welt und alle Frevler vernichtet. Oder sie binden Gott an das Bild des Feuers. Sie möchten perfekte Christen sein und meinen, der Geist Jesu müsse doch irgendwann alle Fehler und Schwächen aus ihnen herausbrennen, sodass nur noch Liebe in ihnen sei.

Wir alle werden etwas von diesen verschiedenen Gottesbildern und Gotteserfahrungen in uns tragen. Doch der biblische Text will uns dazu einladen, all diese Bilder hinter uns zu lassen und uns im Schweigen dem unbegreiflichen Gott zu öffnen, der vorüberzieht, der spürbar wird, aber auch weiterzieht, sich uns immer wieder entzieht. Der biblische Text sagt uns, dass wir wie Elija durch die Erfahrung des Scheiterns unserer Lebenskonzepte, durch die Begegnung mit den eigenen Schattenseiten und durch die Erfahrung der Ohnmacht hindurchgehen müssen, um offen zu werden für den Gott, der uns in der Stille ansprechen und anrühren, der unser Herz öffnen möchte, damit wir Gott vorüberziehen lassen, ohne ihn festhalten oder genau beschreiben zu wollen.

Der Prophet Elija steht für Christen, die sich für die Kirche, für Gott einsetzen und für eine lebendige und glaubwürdige Kirche kämpfen. Er lehrt uns, dass es nicht um das Rechthaben geht. Elija hat Recht bekommen im Kampf mit den Baalspriestern. Da hat ihm Gott beigestanden. Aber zugleich muss er all seine bisherigen Gottesbilder loslassen, damit er zu dem Propheten wird, als den Gott ihn will. Das gilt auch für uns Christen, dass wir in die Schule des Elija gehen müssen, uns von Gott an der Hand nehmen lassen, damit wir uns mehr und mehr für den Gott öffnen, der jenseits aller Bilder und all unserer Vorstellungen, jenseits unserer theologischen Aussagen steht, für den Gott, der uns in der Stille begegnet, in der Stille wohnt. Die frühen Mönche sprechen vom »Ort Gottes«, an dem Gott wohnt und sich erfahren lässt. Dieser Ort ist der innere Raum der Stille, der auf dem Grund der Seele in uns allen schon da ist, von dem wir aber oft genug abgeschnitten sind.

Aller äußerer Einsatz für Gott und für die Kirche kann auch zur Flucht werden vor diesem inneren Ort der Stille. Aber er ist keine Höhle, in die wir uns zurückziehen, um uns wohlzufühlen. Vielmehr ist es der mütterliche Ort, an dem eine Neugeburt geschehen kann, an dem wir uns wie neugeboren auf den Berg stellen, uns den Stürmen des Lebens aussetzen. Dann werden wir mitten im Trubel des Lebens immer wieder diese innere Stille wahrnehmen, in der sich Gott vernehmen lässt, ohne sich eindeutig feststellen zu lassen. Mitten im Lärm, mitten im Sturm offen zu sein für die leise Stimme der Stille, in der Gott hörbar wird, das ist die Einladung, die hinter diesem Text steht. Wenn wir sie annehmen, werden wir uns nie einrichten in der Höhle, sondern im Hören auf die Stille immer auch den Sprung in den Lärm der Welt wagen, um dort wie Elija für einen Gott einzutreten, der uns daran hindern möchte, uns über die anderen zu stellen, der uns in die eigene Wahrheit führt und uns gerade so zum Segen werden lässt für andere.

Anselm Grün

# Gott anklagen

JEREMIA 20,7-18

Der Prophet Jeremia wurde von Gott gesandt, den Menschen Unheil zu verkünden und das Volk zur Umkehr zu bewegen. Doch er wurde nicht gehört. Ein Grund lag wohl darin, dass er gegen die Heilspropheten Stellung beziehen musste, die das Volk mit ihren optimistischen Worten einlullen wollten. Jeremia war persönlich betroffen von dem, was Gott ihm immer wieder zu verkündigen auftrug, und er litt unter seinem Auftrag. Seine persönliche Reaktion auf seine Aufgabe, zu der Gott ihn manchmal zwingen musste, drückt sich in den sogenannten Konfessionen aus – persönliche Texte, in denen der Prophet erzählt, wie es ihm ging, welche Zweifel und welches Leid über ihn kamen, wenn Gottes Wort ihn traf. Er fühlt sich einsam, von allen verlassen. Niemand will auf ihn hören. Und doch spürt er, dass er das Wort Gottes verkünden muss, ob gelegen oder ungelegen.

Geschichtlich betrachtet schätzte das Judentum den Propheten Jeremia sehr, weil er gleichsam zum Bild, zum Symbol geworden ist für das Schicksal des Gottesvolkes. Für die Christen dagegen wurde Jeremia zum Urbild Jesu. Er prägte das Bild des »leidenden Gottesknechtes«, der das Wort Gottes verkündet, auch gegen den Willen der Herrschenden. So hat Jesus auch gehandelt. Er hat Gottes Wort verkündet, die Menschen zur Umkehr und zur inneren Erneuerung aufgefordert. Doch viele, die sich in ihrem Glauben eingerichtet hatten, wollten diese aufrüttelnde Botschaft Jesu nicht hören. Und so erlitt er ein ähnliches Schicksal wie Jeremia.

Jeremia 20,7–18 ist das letzte der sogenannten Bekenntnisse des Jeremia, eine erschütternde Klage des Propheten, dem sein Beruf zur Qual geworden ist, die er nicht mehr ertragen kann. Der Text beginnt schon mit dem harten Wort, dass Gott den Propheten »betört« hat. Mit »betören« beschreibt die Bibel eigentlich die Verführung eines Mädchens. Gott hat den Propheten verführt, wie ein junger Mann ein Mädchen verführt. Er hat ihm etwas vorgegaukelt, was er nicht eingehalten hat. Jeremia hat sich von Gott verführen lassen und jetzt ist er zum Gespött geworden. Alle verlachen ihn. Jeremia kann nicht anders, als die Worte zu verkünden, die Gott ihm eingibt und die nicht den Erwartungen seiner Umgebung entsprechen. Er muss von »Gewalt und Unterdrückung« sprechen. Doch das will niemand hören. So wird er zum Gespött der Menschen. Sein Glaube und seine Bereitschaft, sich auf Gott einzulassen, bringt ihm nichts ein als Hohngelächter.

Die Reaktion darauf ist verständlich. Der Prophet will Gottes Wort nicht mehr verkünden. Er will nicht mehr verspottet werden. Doch auch das gelingt ihm nicht. Denn wenn er sich weigert, Gottes Wort zu verkünden, brennt es in seinem Herzen. Er kann sich nicht dagegen wehren. So muss er diese unerträgliche Spannung aushalten zwischen dem Gefühl, von Gott verführt worden zu sein, und dem Drang, dennoch Gottes Wort zu verkünden.

Jeremia drückt seine Klage in der Art eines Psalms aus (Verse 10–13). Der Prophet beschwert sich bei Gott, dass seine Verwandten gegen ihn intrigieren, dass sie ihn anzeigen und zu Fall bringen wollen. Doch wie es oft im Psalm zu lesen ist, so geschieht auch hier eine Wende. Jeremia wendet sich an Gott. Und auf einmal wird ihm bewusst: »Der Herr steht mir bei wie ein gewaltiger Held.« Gott wird ihn nicht verlassen. Die Feinde können ihm letztlich nichts anhaben. Daher ist es trotz aller Verfolgung angebracht, den Herrn zu rühmen und ihm ein Loblied zu singen.

Doch dann bricht es aus dem Propheten heraus: »Verflucht sei der Tag, an dem ich geboren wurde« (Jer 20,14). Es sind Worte der Verzweiflung, »maßloser Enttäuschung und tiefster Resignation« (Josef Schreiner, Die neue Echterbibel: Jeremia 1–25, Würzburg 1981, 123). Im Folgenden schildert der Prophet den Tag seiner Geburt und verflucht den Mann, der diese frohe Botschaft damals verkündet hat. Viel besser wäre es gewesen, wenn Gott das Kind im Mutterleib hätte sterben lassen, als ihm zuzumuten, ein solches Leben zu führen. Wir können die Verzweiflung und die Verbitterung spüren, die in diesen Worten liegen. Aber der Prophet traut sich, alle seine Gefühle auch Gott gegenüber zu äußern. Er schont ihn nicht mit seinen Vorwürfen: »Warum denn kam ich hervor aus dem Mutterschoß, um nur Mühsal und Kummer zu erleben und meine Tage in Schande zu beenden?« (Jer 20,18) Der Alttestamentler Josef Schreiner kommentiert diese Worte so: »Der Text bringt keine Antwort auf den Schrei des Gequälten. Aber Jeremia stand weiterhin im Dienst seines Herrn. Gott ließ ihn nicht fallen. Er hört auch aus den Worten der Verzweiflung noch den Ruf um Hilfe« (Schreiner 124). Jeremia hilft jedoch nicht einmal der Blick auf das ewige Leben wie manchmal uns Christen, wenn die Not allzu groß wird, die wir erleiden. Der Blick in das Jenseits des Todes war dem Propheten, war Israel damals noch nicht möglich. Das ist erst die Sicht des Neuen Testaments. Uns als Christen kann es ein Trost sein, dass wir im Tod das wahre Glück erfahren werden, gerade wenn es uns hier manchmal nicht so gut geht. Das ist keine Flucht in das Jenseits, sondern die Relativierung des Schmerzes. Doch dieser Weg ist dem Propheten versperrt. Ihm hilft es, seine Bitterkeit in Worte zu fassen. Das verwandelt sie in ihm in die Hoffnung, dass Gott ihn nicht allein lässt.

Zusammen mit den anderen Konfessionen im Buch Jeremia (11,18–25, 12,1–6, 15,10–21, 17,12–18 und 18,18–23) macht uns dieser Text Mut, alles, was in unserer Seele an Zweifel und Verzweiflung, an Enttäuschung und Verbitterung ist, in Worte zu fassen und es Gott entgegenzuschleudern. Da klagt Jeremia Gott an: »Wie ein versiegender Bach bist du mir geworden, ein unzuverlässiges Wasser« (Jer 15,18). Zudem beschreibt er Gott all die Verfolgungen, die er erleiden muss. Doch zugleich erfährt der Prophet immer wieder, dass er nicht aus der Hand Gottes fallen kann. Er kann sich nicht gegen ihn wehren. Aber er vertraut darauf, dass Gott schließlich doch auf seiner Seite steht. Und so antwortet Gott auf die Klagen des Propheten: »Mögen sie dich bekämpfen, sie werden dich nicht bezwingen; denn ich bin mit dir, um dir zu helfen und dich zu retten – Spruch des Herrn. Ja, ich rette dich aus der Hand der Bösen, ich befreie dich aus der Faust der Tyrannen« (Jer 15,20f).

Bei keinem der anderen Propheten erfahren wir so viel von der persönlichen Erfahrung mit Gott wie bei Jeremia. Er lädt uns ein, unser Leben, so wie wir es erfahren, mit allen Freuden und Leiden vor Gott zur Sprache zu bringen. Wir dürfen alles, was in uns ist an Verzweiflung und Verbitterung, Gott hinhalten und vor ihm aussprechen. Er nimmt es uns nicht übel. Aber wenn wir alles ausgesprochen haben, was uns belastet, dann stellt auch er uns infrage. Gott antwortet uns ähnlich wie dem Propheten: »So siehst du dein Leben. Aber das ist nicht alles. Kehre um, denke anders über dein Leben nach. Dann wirst du erkennen, dass ich bei dir bin, dann wirst du erkennen, dass du trotz oder sogar gerade wegen deiner Leiden zum Segen wirst für deine Zeit. Trau den inneren Impulsen, in denen ich zu dir spreche. Und verkünde alles, was du spürst, auch den Menschen, ob sie es hören wollen oder nicht. Irgendwann werden die Worte wirken und du wirst zum Segen für die Menschen deiner Zeit.«

Anselm Grün

# Fluch und Segen

JEREMIA 31,1-14

Jeremia muss den Bewohnern von Jerusalem Unheil prophezeien.
Er soll sie damit aus ihrem Schlaf der Selbstgerechtigkeit aufrütteln,
dass sie die Augen öffnen und die Wirklichkeit realistisch betrachten.
Als er jedoch bei den Verschleppten im babylonischen Exil weilt, darf
er ihnen das Heil verkünden. Hier wird er zum Tröster seines Volkes.
Beide Weisen der Verkündigung haben auch heute noch Geltung.
Wir Christen, nicht nur die amtlichen Prediger, haben die Aufgabe,
den Menschen die Augen zu öffnen und die Folgen eines Lebens zu
beschreiben, das die Fakten nicht ernst nimmt. Heute sind es nicht
nur politische Konstellationen, die uns bedrohen, sondern vor allem
die Situation der Erde. Viele verschließen die Augen vor den Folgen
des Klimawandels. Sie wollen nicht hören, dass die Erde Schaden
nimmt, dass Katastrophen drohen, wenn wir so achtlos an der Natur
und ihren Gesetzen vorbeigehen. Als Christen haben wir die Aufgabe, auch unangenehme Wahrheiten zu verkünden.

Wir sollten jedoch nicht alles durch eine pessimistische Brille
sehen, sondern wie Jeremia auch zu Propheten des Heils werden. Jeremia verkündet den Verschleppten und Gefangenen das Heil. Daher sollten wir gerade den Menschen, die sich als Opfer von fremden
Mächten, von politischen und gesellschaftlichen Tendenzen fühlen,
das Heil verkünden. Die Heilsverkündigung will die Menschen
nicht einlullen mit frommen Worten wie »es wird schon wieder gut,
alles ist nicht so schlimm«. Wir sollten uns vielmehr an den Worten
des Propheten Jeremia messen und uns fragen, wie wir heute das Heil

125

Gottes verkünden können. Jeremia spricht die Sehnsucht der Menschen an, die in Babylon gefangen waren. Unsere Aufgabe ist es, die Sehnsucht derer zu erspüren, die innerlich gefangen sind in ihren Lebensmustern oder äußeren Lebenssituationen, und eine Sprache zu finden, die ihre Sehnsucht anspricht und berührt. So möchte ich die Heilsworte des Propheten Jeremia auf Menschen hin auslegen, denen ich heute in Seelsorgegesprächen begegne und die voller Angst sind, keine Hoffnung mehr haben, sich selbst verloren haben und sich selbst entfremdet sind.

Die Verheißung des Jeremia beginnt mit einer Zusage Gottes. Gott selbst spricht zum Volk: »Ich werde der Gott aller Stämme Israels sein, und sie werden mein Volk sein« (Jer 31,1). Gott wird alle Stämme Israels wieder sammeln und zusammenführen. Die Trennung wird aufhören. Auf heute übertragen könnte es eine Verheißung für die verschiedenen christlichen Kirchen sein, dass Gott sie wieder zusammenführen wird. Aber diese Worte wecken auch die Hoffnung, dass alle Menschen, die an Gott glauben, gemeinsam den Weg des Friedens gehen. Alle Menschen sollen das Volk sein, das Gott gehört und von ihm geführt wird.

In Vers 3 spricht Gott persönlich zu jedem von uns: »Mit ewiger Liebe habe ich dich geliebt, darum habe ich dir so lange die Treue bewahrt. Ich baue dich wieder auf« (Jer 31,3f). Das ist eine Zusage an einen jeden von uns. Gott liebt mich mit einer ewigen Liebe, das heißt, sie entspringt nicht einem kurz anhaltenden Gefühl, sondern einer Liebe, die ohne Ende ist und sich auch nicht erschüttern lässt durch meine Untreue, durch meine Ablehnung dieser Liebe. Weil Gott mich mit ewiger Liebe liebt, hat er mir immer die Treue bewahrt, auch wenn ich treulos war, auch wenn ich mich nicht um Gott gekümmert habe. Gott ist nicht launisch. Es ist ein Gott, auf dessen Liebe ich mich verlassen kann. Wir erleben die Liebe zu einem Menschen oft viel emotionaler als die Liebe Gottes zu uns. Viele sagen: Ich kann die Liebe Gottes nicht spüren. Das sind für mich bloße Worte. Doch wenn ich mir diese Worte Gottes immer wieder vorsage und sie zu schmecken und zu kosten versuche, dann geht mir auf: Von Gott her kommt mir eine Liebe entgegen, die nie versiegt, die auch bleibt, wenn ich keine Liebe zu ihm spüre. Es ist eine Liebe, auf die ich bauen kann. Gott hält mich aus, auch wenn ich mich selbst manchmal nicht aushalten kann. Er ist mir treu, auch wenn ich mir selbst nicht treu bleibe, sondern abfalle von dem, was ich eigentlich leben möchte.

Dieser Gott verheißt mir, dass er mich wieder aufbauen wird. Ich kenne Menschen, die sagen, dass sie vor den Trümmern ihres Lebens stehen. Alles wurde ihnen zerbrochen. Das Lebenshaus, das sie sich erbaut haben, wurde zerstört. Sie sehen ihr Leben wie eine Ruine. Oder sie sagen: Ich stehe vor einem Scherbenhaufen. In eine solche Erfahrung hinein spricht Gott das tröstliche Wort, dass er unser Lebenshaus wieder aufbauen wird, schöner als es war. Unser Leben wird gelingen. Wir werden nicht vor den Trümmern unseres Hauses stehen bleiben, sondern in einem schönen Haus wohnen. Dann schildert Gott das Leben in dem neu erbauten Haus: »Du sollst dich wieder schmücken mit deinen Pauken, sollst ausziehen im Reich der Fröhlichen. Wieder sollst du Weingärten pflanzen auf Samarias Bergen« (Jer 31,4f). Auch wenn wir jetzt noch in Trauer sind über zerbrochene Lebensträume und verpasste Chancen, soll doch die Fröhlichkeit unsere Zukunft bestimmen. Die Fröhlichkeit zeigt sich im Schmuck, im Tanz, im Musizieren. Wir sollen dem Leben wieder trauen.

Das Vertrauen ins Leben zeigt sich darin, dass wir wieder Weingärten anpflanzen. Wer einen Weingarten anlegt, tut es immer in der Hoffnung, dass er die Früchte selbst genießen wird und die Ernte nicht von Fremden eingebracht wird. Es lohnt sich, wieder ins eigene Leben zu investieren, an uns zu arbeiten, damit das, was uns Gott an Anlagen geschenkt hat, in uns Früchte bringt. In diesen Worten steckt die Verheißung, dass wir selbst leben werden, statt gelebt zu werden.

Nach dem Wort, das Gott persönlich an jeden von uns richtet, hören wir in Vers 6 wieder den Propheten. Er verheißt uns, dass wir nach der Trauer und der Entfremdung, die wir in unserem Leben erfahren haben, wieder hinauf pilgern nach Zion. Wir werden wieder offen sein für das Lob Gottes. Wir werden unsere Blicke zu Gott erheben und ihn loben für alles, was er uns Gutes getan hat. Zu diesem Loblied ruft uns Gott selbst in Vers 7 auf. Der Grund unseres Jubels ist, dass Gott sein Volk gerettet, dass er unsere Wunden geheilt und uns einen Weg aufgezeigt hat, wie wir gut leben können.

In Vers 8 und 9 spricht Gott wieder persönlich zum Volk. Auf mich, auf uns heute bezogen heißt das: Gott führt mich heim aus dem Nordland, aus der Kälte des Lebens in der Entfremdung, in der Abspaltung von meinem wahren Selbst, eines Lebens, in dem ich aus der Mitte herausgefallen war. Gott führt alles Schwache in mir heim zum Leben. Das Blinde in mir, das, wovor ich die Augen verschließe, weil es mir unangenehm ist, und das Lahme, das was mich blockiert. Indem Gott es heimführt, wird es verwandelt. Er nimmt auch die Schwangeren und Wöchnerinnen mit auf den Weg, die den Marsch nicht aus eigener Kraft schaffen können. Er sorgt sich gerade um die, in denen neues Leben heranwächst. So schützt er das aufkeimende Leben in uns. Gott erinnert uns an unsere Tränen: »Weinend kommen sie, und tröstend geleite ich sie. Ich führe sie an wasserführende Bäche, auf einen ebenen Weg, wo sie nicht straucheln« (Jer 31,9). Gott wandelt unsere Trauer in Freude, unser Erschöpftsein in neue Kraft, unsere Trockenheit in neue Lebendigkeit und Fruchtbarkeit. Gott verheißt uns, dass unser Leben gelingt.

Dann spricht der Prophet wieder zu uns. Er beschreibt das Handeln Gottes an seinem Volk und an jedem von uns: Gott wird alles Zerstreute in mir sammeln. Er führt mich wie ein Hirt auf eine gute Weide. Er wird mich erlösen und befreien aus der Hand des Stärkeren. Kein Mensch wird mehr über mich herrschen. Zudem werde ich nicht mehr beherrscht von meinen neurotischen Lebensmustern oder meinen Bedürfnissen. Ich werde voller Dankbarkeit und Fröhlichkeit auf die Gaben schauen, die Gott mir geschenkt hat. Korn, Wein und Öl sind Bilder für die Fülle des Lebens. Wenn Gott an mir handelt und wenn ich ihn an mir handeln lasse, dann wird mein Leben erfüllt sein mit Freude und Jubel. Und ich werde wie ein bewässerter Garten sein: In mir wird etwas aufblühen. Ich werde nie mehr vertrocknen.

Gerade weil Jeremia sowohl Unheil wie Heil verkündet, bewahrt er uns vor der Gefahr, uns von frommen Worten einlullen zu lassen. Wir stehen in der Spannung zwischen Unheil und Heil, zwischen Verheißung einer guten Zukunft und dem Gericht über all das, was in uns nicht stimmig ist. Gott will uns immer wieder ausrichten, auf sich und auf die Weisung hin, die er uns gegeben hat. Wir sollen uns den harten Worten des Propheten stellen. Dann werden uns seine Heilsverheißungen nicht in eine trügerische Ruhe führen. Vielmehr werden wir sie als Worte erfahren, die uns mitten in unserer Not, in unserer Entfremdung, in unserer Angst und in unseren Zwängen die Augen öffnen für das, was Gott auch heute in unserem Leben wirken möchte. Denn er ist ein Gott des Heils und nicht des Unheils. Unheil kommt nur über den, der sich abwendet vom Heil, das Gott schenken möchte, der sich lügnerischen Worten zuwendet, anstatt dem Wort Gottes zu trauen. Die Worte des Propheten werden uns jeweils unterschiedlich berühren, je nachdem, in welcher Situation wir uns gerade befinden. Gerade wenn es uns nicht gut geht, dann sollten wir die Worte aus Jeremia 31,1–14 in unser Herz fallen lassen, damit sie mitten in der Verzweiflung Hoffnung schaffen, mitten in der Angst Vertrauen wirken und mitten in der Depression das Herz mit Fröhlichkeit und Dank erfüllen.

Bernd Deininger

# Gott zeigt sich, wo man ihn wohnen lässt

DEUTERONOMIUM 34,1-12

Was passiert mit uns, wenn jemand stirbt, der in unserem Leben
richtungweisend war, zum Beispiel, weil er als Kind und in der Zeit
unserer psychischen Entwicklung eine große Bedeutung für uns hatte? Dies kann in vielen Fällen ein Elternteil sein, aber auch Großmüt-
ter und Großväter oder auch eine Patin oder ein Pate können unser
Leben geführt und uns eine Richtung aufgezeigt haben, die dann
später für unser gesamtes Berufsleben, für unsere Beziehungen und
für die Art und Weise, wie wir in der Welt stehen, wichtig waren.

Der Text aus dem 5. Buch Mose ist aus unterschiedlichen Quellen über Jahrhunderte hinweg zu etwas Ähnlichem wie eine Trauer-
rede zusammengefügt worden. Sie gilt dem Mann, der für die Religi-
onsgeschichte des israelischen Volkes am bedeutendsten war: Mose.

Bei den Gedanken, die wir uns über einem Verstorbenen machen, fragen wir uns vielleicht: Wer ist derjenige denn eigentlich gewesen? Diese Frage kann angesichts des Todes unangemessen wirken, denn wer der Tote wirklich war, kann ja nur, zumindest von
außen, subjektiv beurteilt werden. Das Umfassende des Menschen,
das, was in ihm vorging und was ihn geprägt hat, wird im Wesentlichen ein Rätsel bleiben. Oft ist es so, dass sich im Tod das Leben für
die Hinterbliebenen abrundet. Alle subjektiven Meinungen derer, die
den Verstorbenen kannten, fließen dann zusammen und bilden ein
großes Mosaik.

Mehr als das, was ein Mensch vorgelebt hat und was er hinter-
ließ, glaubt man nicht finden zu können. Was wissen wir wirklich

von einem Menschen? Wir können die biografischen Daten zusammentragen, wir können versuchen, die Einflüsse, die in seiner Lebenszeit auf ihn eingewirkt haben, zu verstehen, wir können den Fragen und Antworten nachgehen, die ihm gestellt wurden und die er zu geben versuchte. Letztendlich bleibt aber diese Rekonstruktion von hypothetischem Wert. Es ist ein willkürliches Gebilde und letztendlich wird wohl die Erkenntnis erwachsen, dass man einen Menschen niemals verstehen können wird, außer man versucht, das Geheimnis seines Daseins mit seinen eigenen Augen zu betrachten. Und genau das ist im Rückblick schwierig, da oft die stärksten Hoffnungen und die kühnsten Visionen, die der Verstorbene in sich getragen hat, verborgen bleiben, weil er sie nie geäußert hat.

Wenn Sie, verehrte Leserin, verehrter Leser, selbst schon einen wichtigen Menschen verloren haben und an seinem Totenbett saßen, vielleicht auch mit dem Toten alleine in einem Raum waren, so kann es sein, dass Ihnen ähnliche Gedanken durch den Kopf gingen: Wer war der Mensch wirklich, der da vor mir liegt, was gab es für Geheimnisse in seinem Dasein, was hatte er für Hoffnungen und Visionen? Wenn Sie dann sich gegenüber ehrlich sind, werden Sie sich eingestehen müssen, dass Sie zwar viel Biografisches über den betreffenden Menschen wissen, aber das, was ihn wirklich ausgemacht hat, nur in einzelnen Episoden spüren können, zum Beispiel, wenn Sie sich auf der Beziehungsebene zurückerinnern, was er von sich erzählte, wie er politische oder gesellschaftliche Ereignisse bewertete, oder auch, wie Sie Gefühle austauschten, wenn Sie zusammensaßen und sich über einen Film oder einen Roman unterhielten. Bei diesen Erinnerungen und den Gefühlen, die damit verbunden sind, wird es Augenblicke gegeben haben, in denen Sie spüren konnten, was wirklich in dem anderen vorging, wonach er sich sehnte und was für ihn in seinem Leben Sinn ergab. Vielleicht wächst dann in Ihnen die Erkenntnis, dass die Wahrheit eines anderen über eine tiefe emotionale Beziehung zwar nicht ganz, aber doch annähernd zu verstehen ist.

Wenn wir nun zu Mose zurückkehren, so hat es wenig Sinn, die häufig gleichlautenden, oft jedoch auch unterschiedlichen und sich widersprechenden Traditionsstränge nacheinander zu befragen, die versuchen, ihn zu erklären. Gab es Mose, historisch gesehen?

In der jahwistischen Überlieferung, ein großer Erzählstrang in den Texten der Bibel, die von Mose erzählen, finden wir ein großes Bild, das mit der Überschrift verstehen ist: »Ich möchte Gott finden.« Das ist das Thema des Mose und letztendlich auch der Auftrag für jeden, der über ihn sprechen will. Plötzlich wird dann deutlich: Ein Mensch zeigt sich gerade so viel und so deutlich wie sein Gegenüber, zu dem es sich wesentlich verhält. Es geht dann nicht darum, ob es sich bei Mose um eine wirkliche historische Gestalt handelt, sondern: Wer von ihm sprechen will, muss von seinem Gott reden und von dem, was er während der Suche nach seinem Gott wurde.

Alles, was im Leben Moses von Bedeutung ist, scheint zusammengefasst und verdichtet in der Berufungsgeschichte, die im 3. und 4. Kapitel des Exodus-Buches beschrieben ist. Dort findet sich die große Erzählung vom brennenden Dornbusch. In dieser Geschichte zeigen sich die Spannungen und Ambivalenzen, die sich durch sein ganzes Leben ziehen. Es geht um das vollkommen Unwerte, Stechstrauchartige, Nutzlose und Hinderliche, aber gerade dort bringt sich die Gottesflamme selbst zum Leuchten. Ungläubig und mit großer Skepsis über sich selbst, wagt es Mose aber, dieses Bild und diese Erfahrung für sich zu leben und in sein Leben zu übersetzen.

In diesem symbolischen Geschehen ist all das, was sich später zeigen wird, als ein schrittweiser Kommentar enthalten. Mose soll nämlich ein ganzes Volk unter den unsichtbaren Händen seines Gottes in die Unabhängigkeit einer nie mehr zurückzunehmenden Freiheit hinüberführen. Aber um zu dieser Freiheit zu kommen, ist es erforderlich, jeden Schmerz, jede Angst, jede Verzweiflung durchzustehen, wie auch immer sie sein wird. Der Motor, um dies durchzustehen, ist das Vertrauen darauf, dass das gültig ist, was dieser unsichtbare, geheimnisvolle Gott im Dornbusch zu ihm gesagt hat: »Ich bin der Gott, der da ist – eine ewige Gegenwart, eine vertrauensbildende Nähe, die nie mehr aufhört, eine Hand, in der man sich birgt, weil sie führt, nichts Fremdes, sondern ein Gott, der hält, was er denen verspricht, die ihm Vertrauen schenken.« Damit hat alles angefangen. Die ungeheure Kraft, die sich in Mose zeigte, eine innere leidenschaftliche Sehnsucht, diesem Gott zu vertrauen, die dann ein ganzes Volk entzündete. Eine Flamme, die sich von einer einzelnen Person, symbolhaft gesprochen, auf einen ganzen Wald von Stechsträuchern und Dorngestrüpp ausbreitete. Diese innere Erfahrung hat Mose wesentlich geprägt. So hat er den eisernen Willen entwickelt, voranzugehen bis zum Ende. Einem Auftrag zu gehorchen, der ihm von außen, von seinem Gott, gesagt wurde, der aber nichts anderes war als sein eigenes Verlangen, welches er dann auf ein ganzes Kollektiv erweitern konnte.

Wer und wie war Mose als Mensch? Die Bibel verschweigt es uns. Es gibt aber einige kleine Spuren, die tröstlich sind, auch in Krisen unseres eigenen Lebens. Das Wesentliche ist, dass Mose kein Führertyp war, wie wir ihn heute kennen. Er hatte nichts von dem, was man an Demagogischem, an Charismatischem vermuten könnte. Er war ein Mensch, der zutiefst an der Unfähigkeit litt, das in verständliche Worte zu fassen, was er an Einsichten und Bildern in sich trug. Deshalb brachte er auch unter der ersten Anrede Gottes seine erste Klage vor: »Ich bin kein Mann des Wortes«, sagte er, »meine Zunge ist schwer und schwer mein Mund.« Darin zeigt sich die Verzweiflung dieses Mannes, dass er vieles nicht konnte, was er hätte können müssen, um dem eigenen Anspruch zu genügen. Man kann sich den inneren Widerspruch, der ihn fast zerriss, vorstellen. Einerseits zu wissen, dass er sein Volk retten will, und gleichzeitig zu empfinden, dass er dieser Aufgabe aufgrund der Gegebenheiten nicht gewachsen war.

An dieser Stelle muss nun auch für uns eine Erkenntnis aufbrechen: Gott zeigt uns am Beispiel des Mose, dass es im Vertrauen auf ihn eine große Brücke gibt, die uns ermöglicht, trotz unserer Schwachheit und Beschränkung ans andere Ufer zu gelangen.

Der biblische Mose ist in vielen seiner Aktionen auf seinen Bruder Aaron angewiesen. Er ist gleichsam seine Hilfsstimme. Heute würden wir sagen: sein Berater, der ihm die Reden schreibt und versucht, das, was er im Inneren fühlt, auszudrücken, also gleichsam eine Krücke oder Prothese. Aaron verstand es gut, die Bilder und Erfahrungen seines Bruders wortgewandt zu formulieren. Das Eigentliche, das Emotionale blieb aber bei Mose selbst. In Mose gab es etwas Eruptives, etwas Unheimliches, das sich plötzlich und aggressiv Bahn brechen konnte. Beeindruckend hierzu die Erzählung im Exodus-Buch, als er aus einem elementaren Gefühl für Menschenwürde und Gerechtigkeit den Ägypter erschlägt. Da wird er dann selbst zum Mörder. An einer anderen Stelle zerschmettert er in unbändigem Zorn über den Abfall seines Volkes am Sinai die heiligen Gottestexte auf den beiden Steinen, als ob alles zerbrochen und zerstört wäre durch den Ungehorsam seiner Genossen.

Und nun noch einmal gefragt: Wer war Mose? Trotz dieser Beschreibungen und Erzählungen, die wir aus dem Exodus-Buch kennen, müssen wir ihn als den Zweifelnden, den Angefochtenen sehen, der immer weiterging, ohne zu wissen, wie es weitergehen sollte. Gerade wenn es um die Weisungen Gottes geht, findet man häufig die Vorstellung, dass man das Leben wie mit einem fertigen Fahrplan durchlaufen könne. Die Geschichte des Mose verläuft aber ganz anders. Viel lebendiger, abgründiger, eben menschlicher. Die Fragen, die das Volk Mose immer wieder stellte, waren letztlich auch seine eigenen Fragen. Zum Beispiel: »Warum führst du uns in die Wüste? Vielleicht nur deshalb, dass wir hier umkommen vor Hunger und Durst? Wer ist denn dein Gott, dein heiliges Geheimnis, das sich nie zeigen will? Ist es möglicherweise nur ein Dämon, der uns alle genarrt hat und uns lächerlich macht vor den anderen Völkern?« Wer immer sich auf einen großen Weg macht, wird spüren, dass trotz aller Sehnsucht ein Fahrplan, wie etwas zu laufen hat, nicht greift. Es wird ständig Klippen und Fragezeichen geben. Es werden uns immer Ängste und Unsicherheiten begleiten. Zudem: Wenn wir uns in ein mutiges und freies Leben hineinbegeben, wer will uns im Voraus sagen können, ob wir uns irren oder ob wir auf dem richtigen Weg sind? Könnte es nicht doch ganz anders sein? Dass alles vergeblich war, woran der Einzelne geglaubt hat?

Wer den Mut nicht hat, den stärksten inneren Impulsen zu folgen, bleibt zurück, um im Bild des Mose zu bleiben. Er wird in der Wüste verdursten oder er richtet sich in Langeweile ein. Mag sein, dass sich dann der Einzelne gut versorgt und beschützt fühlt, mag sein, dass er seine »Schäfchen ins Trockene« gebracht hat, aber ankommen wird er nirgendwo. Und er wird Zug um Zug von seiner inneren Freiheit verlieren. Denn wenn wir uns gegenwärtig umsehen, müssen wir viele Illusionen begraben, zum Beispiel den Wunsch, dass die Ausbeutung von Menschen durch Menschen endet, dass wir frei werden von Unrecht und Missbrauch durch Machthaber, dass Kinder unter Bedingungen aufwachsen können, die ihnen eine eigene Individualität garantieren, dass es weniger Kriege, Leid und Opfer gibt. Gerade dann muss man einen Mann wie Mose fragen: Wie rettet man die Menschlichkeit, die uns Gott verheißen hat? Wie weit müssen wir noch gehen, um so an Gott zu glauben, dass dieser Glaube alle einlädt und sich vermenschlicht, ohne Grenzen, dass es keine Gebote mehr gibt, die in Stein gemeißelt sind, sondern die sich in der Seele der Menschen festsetzen und dort geschrieben stehen? Mose wird nie erfahren, ob sein langer Weg von Erfolg gekrönt war. Und die menschliche Geschichte? Was beweist sie wirklich?

Sie beweist uns, dass die Mächtigen die Geschichte jeweils so auslegen, wie es in ihrem Sinn ist. Um Wahrheit geht es dabei in der Regel nicht. Aber jetzt wird Mose uns noch einmal zum Vorbild. Er ist derjenige, der dem Unsichtbaren mehr als dem Sichtbaren glaubt. Das heißt, die gegenwärtigen, zeitbedingten, religiösen oder nationalistischen Implikationen lassen sich nicht rechtfertigen. Es ist auch von projektiven Wunschinhalten Abstand zu nehmen. Was zu dem Gottesbild des Mose gehört, heißt vielmehr, dass es immer weitergeht. In der Wüste, in der Fremde. Und auch das bleibt deutlich sichtbar im Unterschied zu den Machthabern der letzten Jahrhunderte: Das Grab des Mose wird kein Mausoleum sein. Man soll sich nicht orientieren an ihm, keine Wallfahrtsstätte für einen Toten bilden. Stattdessen wird Mose sich dem Volk entziehen in seinem eigenen Sterben.

Der Gott der Bibel hört nicht auf, uns anzuleiten, die Freiheit zu suchen und ständig im Aufbruch zu sein. Aufbruch und Wagnis stehen dann gegen festen Besitz und Festhalten. Es geht um den Mut, Neues zu wagen, statt in einem ungefährdeten Schutzraum zu verharren. Es geht darum, einen Beistand zu fühlen in den Stunden der Angst. Das ist das Wesentliche, das wir aus der Geschichte zwischen Gott und dem Mann Mose lernen können. Und dann spielt es keine Rolle, ob seine Gestalt historisch ist oder nicht.

Bernd Deininger

# Debora, oder: Der Krieg der Frauen

RICHTER 4,1–24 UND 5,1–31

Im Buch der Richter des Alten Testaments wird von führenden Gestalten des 12. und 11. Jahrhunderts vor Christus erzählt. Zu dieser
Zeit fand eine große kulturelle Umwälzung statt: die umherziehen-
den Nomaden wurden sesshaft. Meistens geschah dies in friedlicher
Weise. Die Einwanderer – heute würden wir sagen die Migranten –
passten sich an die einheimische Bevölkerung an, ohne sich mit ihr
jedoch völlig zu vermischen. Zuweilen gab es aber auch Widerstände
und Konflikte, sodass sich daraus kriegerische Auseinandersetzungen ergaben.

Personen, die das Amt eines Richters ausübten, also Recht spra-
chen und Streitigkeiten schlichteten, wurden zu zeitlich begrenzten
Führern und in gewisser Weise auch zu Rettern aus Notsituationen
bestimmt. Es war für sie wichtig, dass sie nicht nur eine rechtliche
und soziale Kompetenz hatten, sondern auch politischen Weitblick
besaßen. Die Nähe zu Jahwe wurde dadurch ausgedrückt, dass sie
berufen wurden. Meist waren es Männer, aber es gab auch eine große
Frauengestalt, die uns in der Frühzeit Israels begegnet und als Einzige sogar eine Doppelfunktion hatte, nämlich die der Prophetin und
der Richterin zugleich. Es war Debora, die als Mutter Israels in die
Geschichte einging. Erwähnenswert ist, dass es sich bei Debora der
Überlieferung nach um eine verheiratete Frau handelte. Über Kinder wird nichts gesagt und ihr Mann nur in der Zugehörigkeit zu ihr
erwähnt. Die Bedeutung, die sie für das Volk Israel hatte, wurde nur
ihr selbst zugeschrieben.

Als Prophetin hatte sie gleichsam am Puls der Zeit zu sein und den Menschen ihr Handeln von Gott her bewusst zu machen. Als Richterin musste sie in alltäglichen Angelegenheiten Recht sprechen, aber auch die politische Situation einschätzen. Zu ihren Lebzeiten ging es um den Untergang oder das Überleben israelitischer Stämme, und hier spielte Debora eine ganz entscheidende Rolle. Auf ihre Initiative hin fordert sie den Heerführer Barak aus dem Stamm Naphthali auf, gegen die kanaanäischen Stadtstaaten, die die Stämme unterdrückten, zu kämpfen. Doch Barak ist nur dazu bereit, wenn Debora mit ihm geht. Durch ihre Anwesenheit beim Kampf will er sich nach einem geradezu magischen Verständnis die in ihr wirksame göttliche Kraft sichern. Debora gibt dem General Stütze und Halt, wird aber von einer zweiten Frau begleitet, einer Keniterin namens Jael, die entschlossen handelt, wo es um Leben und Tod geht, indem sie selbst tötet, um das Überleben von Unterdrückten zu ermöglichen.

Debora ließ Barak das Stammesheer am Berge Tabor, einem Grenzheiligtum der mittel- und nordpalästinensischen Stämme, gegen das kanaanäische Heer des Sisera versammeln, da dieser Ort Überblick über das Gelände sowie Schutz und Deckung in den Wäldern im Falle vorzeitiger Entdeckung bot. Wenn es dem israelitischen Heer gelänge, Siseras Armee durch die Schluchten des Jesreel-Tales auf die Ebene nahe des Kischon-Flusses zu drängen, konnten die Israeliten zum Angriff übergehen und die Kanaanäer in den Morast eines über die Ufer tretenden Wadis treiben. Diese Strategie setzte aber ein göttliches Eingreifen voraus, zum Beispiel einen Sturm, sodass Deboras Prophezeiung des Sieges in Erfüllung gehen konnte.

In der Richter-Zeit gab es unter den Stämmen Israels nur sehr lose Verbindungen. Dies war wohl auch der Grund, warum Deboras Ruf zu den Waffen nur wenige folgten. Dieser Mangel an Unterstützung mag der Grund dafür gewesen sein, dass Barak darauf bestand, dass Debora die Truppen begleitete.

Obwohl sich Debora in ihrer tatsächlichen Rolle der Kriegserzählung in Richter 4 recht passiv verhält, nachdem sie ihre Prophezeiung ausgesprochen hat, spielt sie in ihrer Autorität doch die entscheidende Rolle. Der Feldherr Barak bleibt im ganzen Bericht eine Gestalt zweiten Ranges. Der eigentlich Handelnde ist er nicht. Der Ruhm, den Feind gefangen und erschlagen zu haben, geht auch auf die Keniterin Jael über. Die Ehre, gesiegt zu haben, gebührt letztendlich aber Jahwe, denn Baraks mächtigster Helfer war das Glück, das Jahwe ihm sandte.

Der Preis, den Debora dafür errang, dass sie zum Kampf aufgerufen hatte und ihre Prophezeiung eintrat, war die Unsterblichkeit ihrer Tat. Sie gehört zu den wenigen großen Frauengestalten, von denen uns aus der frühen Geschichte der Menschheit etwas überliefert ist. Denn der Sieg über Sisera, der im Grunde durchaus der Sieg Deboras ist, hat für Israel vieles bewegt. Die unter Sisera vereinigten Kanaanäer haben nie mehr gewagt, sich zu ernstem Widerstand gegen Israel zusammenzutun. Der Sieg muss also nachhaltig gewesen sein. Über eine lange Zeit waren die Israeliten die Herren im Land, und das war ein wesentlicher Verdienst der Gottesdienerin Debora. Aus diesem Grund wurde ihr schon zu Lebzeiten die Ehre zuteil, eine Mutter Israels zu heißen.

Schauen wir jetzt noch auf das Debora-Lied im fünften Kapitel des Buches der Richter. Es ist eines der ältesten Lieder, die in der Bibel überliefert sind, und etwa um 1100 vor Christus entstanden. Zu dieser Zeit vollzog sich eine vorderasiatische Völkerwanderung, in der die Gebietsgrenzen der einzelnen Völker sich ständig verschoben. In einer Zeit, in der einer den anderen aus seiner Heimat vertreibt, geht es häufig nur darum, zu überleben und nicht unterzugehen. Aus diesem Grund ist die Neigung sehr groß, das Göttliche selbst zum Attribut des eigenen Rechtsanspruches zu erklären. Insofern führten die Menschen in jenen Tagen aus ihrem Blickwinkel Völkerkriege als Gotteskriege.

Im Buch der Richter begegnen wir einem Gott, der wie ein Kriegsheld wirkt, indem er die Menschen nötigt, ihm als seine Diener zu helfen. Sie werden zum Spielball eines kriegführenden Gottes, sind das Instrument seines Machtwillens, Organe seiner Selbstdurchsetzung. Ihr Schwert führt im Grunde die Hand Gottes selbst und die Macht, die der Gott Israels beansprucht, muss man im Töten der Feinde für ihn erringen. Israel hat in dieser Zeit viel von den anderen Völkern übernommen, daher tauchen im Kriegslied der Debora eine Fülle von Attributen auf, die zwar Jahwe beschreiben, aber im Grunde schon für Baal, dem Gott der Kanaanäer, galten.

Für die Ackerbau treibenden Stämme in Kanaan ist Baal ein Gewitter-, Regen- und Fruchtbarkeitsgott. Ähnlich preist Debora Jahwe in ihrem Lied. Allem Anschein nach ist darin eine historische Information enthalten: Dass nämlich jene Schlacht am Tabor zustande kam, weil überraschend ein Unwetter ausbrach. Die Kriegswagen des Feindes, die von keiner anderen damaligen Waffe zu überwinden waren, blieben im durch das Unwetter aufgeweichten Boden stecken. So konnten sie ihre Kraft nicht entfalten und wurden zur leichten Beute der herabstürmenden israelitischen Kämpfer. Der israelitische Gott wird durch das Unwetter, das man sich von ihm geschickt dachte, zum Regengott und schmückt sich so mit den Attributen, die sonst Baal zugeschrieben werden. Das bedeutet, dass Baal, der Gott der Kanaanäer, nur von einem Gott besiegt werden konnte, der gleiche oder ähnliche Mittel anwandte. Insofern muss an dieser Stelle in der Bibel von einem politischen, also einem parteilichen Gott gesprochen werden – und von dieser Vorstellung sind bis in unsere Zeit hinein viele Menschen nicht losgekommen.

Es ist durchaus nachvollziehbar, dass ein Volk, das nicht mehr weiß, wo sein Platz ist und einen Ort zum Leben sucht, weil es nicht zurück nach Ägypten, aber auch nicht mehr in die Wüste ziehen will, sich an einer Stelle festklammert und um sich schlägt, wenn jemand versucht, ihm diesen Ort streitig zu machen. Es ist auch verständlich, dass ein solches Volk, wenn es ihm gelingt, die Feinde in die Flucht zu schlagen, so wie hier, seinen Gott am Ende dankbar dafür preist. Gefährlich wird es, wenn man daraus ein Recht ableitet, sich zu verteidigen und andere zu vertreiben, sodass nur Krieg und Vertreibung eine Lösung darstellen.

In der Regel denkt man, dass der Krieg, zumindest in damaliger Zeit, ein Geschäft der Männer gewesen sei. Aber hier taucht an prominenter Stelle und in entscheidender Funktion Debora auf. Sie wird zum einen als eine Prophetin unter der Palme bei Rama sitzend geschildert, andererseits erscheint sie – wie im griechischen Delphi – als eine Orakelhüterin ihres Gottes. Sie kennt die geheimen Absichten des Unsichtbaren und so ruft sie zum Kampf auf. An ihrer Seite ein Mann, der es allein, also ohne ihren Beistand nicht wagen würde, den Berg Tabor zu besteigen. Die Initiative zum Krieg und Kampf geht allein von Debora aus, und siegreich ist am Ende das Tun einer Frau, der Keniterin Jael, die den Mut besitzt, dem Gegner einen Holzpflock durch die Schläfe zu treiben, sowie später Judith Holofernes töten wird.

Sind aber der Aufruf zum Krieg und Kampf sowie der Mord an einem Feldherrn Taten, die Frauen aus der Bibel lernen sollten? Wäre es nicht viel wichtiger, daraus die Lehre zu ziehen, es den Männern abzugewöhnen, statt es ihnen nachzutun? Wie schön wäre es, wir hätten in der Bibel eine Frau vor uns, die sagt: »Hört auf mit dem Töten, ihr Männer! Irgendwann erreicht es uns doch selbst!«

Aber das ist die Spaltung der Frauengestalt im 5. Kapitel des Buches der Richter: Auf der einen Seite schildert Debora die Verführungskunst, die einschläfernde Mordabsicht ihrer Gefährtin Jael, während fernab die Frau, die Sisera gebar, darauf wartet, dass er unbeschadet aus der Schlacht zurückkehrt. Wichtig finde ich aber, sich vor Augen zu führen, dass es keinen Menschen gibt, keine Männer, keine Frauen, die nicht irgendwann von einer Mutter geboren worden wären, und dass es immer, wenn Menschen getötet werden, die

Mütter sind, die um ihr Kind weinen, das sie nicht geboren haben, damit es abgeschlachtet wird für irgendeine Heldentat auf dem Feld der Ehre.

Was lernt man nun von Debora und ihrem Lied? Den Worten nach nichts als den Preisgesang auf Jahwe – Jahwe als Held, als Retter in der Not, als furchtbarer schreckensgewaltiger Sieger. Aber eine Chance, die in diesem Lied gar nicht ausgesprochen wird, gäbe es doch: Es ist ein Stück Dichtung, indem menschliches Leid so beschworen wird, dass unsere Gefühle unsicher werden und sich auch auf die Seite des Gegners zubewegen, hin zu der unbekannten Mutter des ermordeten Sisera, und dass wir uns durchaus mit ihr identifizieren können und mit ihr trauern. Es wäre das Ende aller Kriege, wenn plötzlich allen klar würde, dass Menschen überall nichts weiter sind als Kinder ihrer Mütter, ob Keniter, Kanaanäer, Israeliten oder wer auch immer, und dass sie ebenso wenig sterben wollen wie ihre Gegner.

Wenn es einen Gott gibt, ist er der Vater aller Menschen, und wenn er will, dass alle Menschen leben können, möchte er wohl, dass sie alle miteinander auskommen. Daraus lässt sich nur eines ableiten: Pazifismus als politische Kultur und Bewahrung der Welt, die aus den Händen Gottes hervorging. Deshalb ist es nötig, die Bibel nicht so zu lesen, dass sie Gott für den Egoismus der Nationen, Religionen, Kulturen und Wirtschaftssysteme benutzt. Denn das geht aus dem Lied der Debora hervor, dass 3000 Jahre Schrecken in der Bibel genügen, sie anders zu lesen, als sie sich selbst verstanden hat, als sie entstanden ist.

Hier wird ein grausamer Meuchelmord erzählt, und das in Bildern, die die Vergewaltigung mit umgekehrten Geschlechterrollen darstellen – so jedenfalls könnte man den Pflock, den Jael in die Schläfe Siseras schlägt, deuten. Dieses Motiv, dass die Personifikation der militärischen Macht in der Gestalt des Sisera von der schwachen Gegenfigur Jael mit List vernichtet wird, hat letztlich eine antikriegerische Aussageabsicht. Es geht um die Botschaft, dass Jahwe den Kriegen ein Ende setzen will, indem er den Kriegsherrn entmachtet und vernichtet.

Debora kämpft ebenfalls als Mutter ihres Volkes gegen die Zerstörung des Lebens und zeigt, dass die Ausschaltung der aggressiven Anteile bzw. die Integration aggressiver Aspekte im Individuellen des Menschen das Leben ihrer Stammesgenossen nun möglich macht. Hier verbindet sie sich mit der Mutter des Sisera, der ebenfalls das Leben ihres eigenen Volkes am Herzen liegt.

Wenn die Ideologien des Krieges aus dem Mund von Frauen kommen, zeigen sie den Zynismus, der darin enthalten ist, in ganz besonderer Weise auf. Wenn aber Frauen in der Lage sind, mit ihren Mitteln militärische Macht zu Fall zu bringen, das Abgespaltene, Aggressive mütterlich zu zerstören, könnte die Aussage, dass Jahwe dem Krieg ein Ende setzen will, da er alle Menschen als seine Kinder akzeptiert, die größere Geltung bekommen. Dann wäre die biblische Botschaft, wie sie uns das Debora-Lied seit 3000 Jahren übermittelt: Lehrt Menschlichkeit!

Anselm Grün

# Gottes unvergleichliche Liebe

## HOSEA 11,1-11

Hosea gilt als einer der großen Propheten des Alten Testaments. Er wirkte vor Jeremia und Jesaja im 8. Jahrhundert vor Christus und fällt in die Ära, in der König Jerobeam II. (782–747 v. Chr.) den Herrschaftsbereich Israels ausgedehnt hatte. Es war eine Zeit innerer Blüte, in der der Glaube an Jahwe jedoch vermischt war mit dem Glauben an Baal. Das heißt, die Religion war in einem schleichenden Wandel begriffen, der durch Synkretismus verschiedener religiöser Strömungen gekennzeichnet war (vgl. Alfons Deissler, Die neue Echterbibel: Zwölf Propheten, Würzburg 1981, 8). Das bezeichnet ein Phänomen, das wir heute in ähnlicher Weise beobachten können. Insofern spricht Hosea auch in unsere Situation. Seine Worte gelten dem Volk Israel. Wir können sie aber auch auf die Kirche als Gemeinschaft beziehen oder persönlich auf uns selbst hin auslegen.

Im Kapitel 11 eröffnet uns der Prophet Hosea einen Blick in das Herz Gottes. Daher war dieser Text bei christlichen Auslegern sehr beliebt. Man sah darin das Bild des väterlich-mütterlichen Gottes, wie es uns Jesus im Vaterunser gezeichnet hat, aber vor allem auch im Gleichnis vom verlorenen Sohn bzw. vom barmherzigen Vater. Die Worte des Propheten zeigen uns das Herz Gottes, der eine väterlich-mütterliche Liebe einem jeden von uns entgegenbringt.

Gott erinnert sein Volk an seine Anfänge. Er selbst war es, der Israel als seinen Sohn aus Ägypten herausgerufen hat. Der Grund dieses Herausrufens war Gottes väterlich-mütterliche Liebe. Als Israel jung war, war es noch formbar durch diese Liebe. Aber Gott

Gottes unvergleichliche Liebe

musste die Erfahrung machen, dass das Volk sich von ihm ab- und Baal zuwandte und ihm opferte. Dann schildert Gott sein Verhalten dem Volk gegenüber. Er lehrte es gehen, so wie man ein Kind gehen lehrt. Er nahm es auf seine Arme und wollte es heilen. Aber das Volk erkannte das nicht. Dann beschreibt der Prophet, wie Gott als Vater oder Mutter die Liebe zu seinem Volk ausgedrückt hat: »Mit menschlichen Fesseln zog ich sie an mich, mit den Ketten der Liebe. Ich war da für sie wie die (Eltern), die den Säugling an ihre Wangen heben. Ich neigte mich ihm zu und gab ihm zu essen« (Hos 11,4).

Hier wird Gott in menschlichen Bildern beschrieben. Gott ist nicht ein apersonales Wesen, er ist nicht nur Energie, sondern ein Du, ein Vater, eine Mutter, die sich persönlich um mich kümmern. Wenn ich diese Worte meditiere, dann erahne ich etwas von der heilsamen Nähe Gottes, von seiner zärtlichen väterlichen und mütterlichen Liebe. Ich erinnere mich, wie ich als Kind von der Mutter umarmt wurde oder wie der Vater mich auf seinen Schoß setzte und mir Lieder vorsang. Diese Vorstellung ist aber keine Projektion, mit der ich all die frühkindlichen Erfahrungen auf Gott projiziere und dann in der infantilen Abhängigkeit stecken bleibe. Es sind vielmehr Bilder, die mir jetzt helfen, mich richtig zu sehen. Bei allem Erwachsensein, bei all der Reife, die ich hoffentlich erlangt habe, bin ich Gott gegenüber dennoch das Kind, das er an seine Wangen hebt. Ich bin geborgen bei ihm. Auch im Alter kennen wir diese kindlichen Wünsche, geliebt und geborgen zu sein. Es sind aber nicht einfach regressive Wünsche, die mich in die Kindheit zurückbringen, sondern vielmehr Bilder, die sich jetzt in mich einbilden möchten, damit ich mich mitten in meinem Beruf, mitten in den Verpflichtungen, in denen ich stehe, innerlich geliebt und getragen fühle. Es ist kein Sich-Zurücksehnen in die Kindheit, keine Flucht vor den jetzigen Herausforderungen, sondern eine Hilfe, mich jetzt dem Leben zu stellen und mich dennoch getragen und geliebt zu wissen.

Die Worte wollen mich einladen, dankbar zu sein für meinen Gott, der mich in seinen Armen hält und mich liebevoll streichelt. Diese Erfahrung kann ich machen, wenn ich mich an einem Sommerabend auf eine Bank setze, mich von der milden Abendsonne bescheinen und wärmen oder vom sanften Wind streicheln lasse. Dann werden die Worte aus dem Propheten Hosea nicht nur Worte bleiben, sie werden auch leibhaft erfahrbar. Ich kann sie mit den Erfahrungen verbinden, die ich in der Natur mache oder bei einer zärtlichen Umarmung eines Freundes oder einer Freundin. Dann bleiben es nicht blasse Worte, sondern solche, die meine tiefste Sehnsucht berühren und ausdrücken.

Trotz der guten Erfahrungen, die ich mit der Liebe Gottes machen durfte, gilt auch die Feststellung des Propheten für mich: »Mein Volk verharrt in der Treulosigkeit, sie rufen zu Baal, doch er hilft ihnen nicht auf« (Hos 11,7). Es ist eine beständige Erfahrung, die ich und auch viele andere im geistlichen Leben machen. Wir dürfen in der Stille, in der Meditation, im Gottesdienst Gottes zärtliche Liebe erfahren, aber wir leben nicht aus ihr heraus. Wir sind treulos, leben aus anderen Quellen: denen des Erfolges, der Anerkennung, der Bestätigung. Wir rufen den Baal an, das meint, wir kümmern uns um die eigenen Bedürfnisse, um unser Vorankommen, um unsere Beliebtheit. Doch das hilf uns nicht weiter, wie der Prophet sagt. Es führt uns immer wieder in die innere Entfremdung und in die Ferne zu Gott. Dann jammern wir, dass wir seine Liebe nicht spüren. Aber wir lassen die liebenden Worte Gottes gar nicht an uns heran. So können sie auch nicht in uns wirken.

Die normale oder eher menschliche Reaktion auf dieses Verhalten wäre Enttäuschung. Und diese Enttäuschung könnte dazu führen, dass Gott uns fallen lässt. Es hat ja keinen Sinn, jemandem nachzulaufen, der gar kein Interesse an ihm hat, so denken wir. Wir geben einen Menschen auf, der uns links liegen lässt. Gott ist anders. Er gibt uns nicht preis. Gott schildert seine eigene innere Bewegung: »Mein Herz wendet sich gegen mich, mein Mitleid lodert auf. Ich will meinen glühenden Zorn nicht vollstrecken und Efraim nicht noch einmal vernichten. Denn ich bin Gott, nicht ein Mensch, der Heilige in deiner Mitte« (Hos 11,8f). Ein Mensch würde zornig auf den anderen werden, der seine Liebe ablehnt. Doch Gott ist kein Mensch. Aber er wird hier geschildert als einer, der durchaus menschliche Emotionen kennt. Gottes Herz spürt auch die Regung des Zorns. Doch er ist eben Gott. Seine Liebe und sein Mitleid sind größer als alle negativen Emotionen, die unser menschliches Verhalten bei ihm hervorrufen könnte.

Wenn wir diese Worte des Propheten lesen und in uns hineinfallen lassen, dann kommt uns Gott persönlich näher. Wir denken vielleicht eher: Gott müsste doch eigentlich genug von uns haben, er müsste es leid sein, uns immer wieder nachzulaufen, weil wir ständig vor ihm weglaufen. Er müsste uns doch eher bestrafen, als uns seine Liebe zu erweisen. Die Worte des Propheten sprechen in diese Überlegungen hinein und wollen sie verwandeln. Trotz aller Zweifel, die wir an uns haben, weil wir uns selbst nicht trauen können, sollten wir an Gottes Liebe festhalten. Auf seine Liebe können wir uns verlassen. Er reagiert nicht wie ein Mensch, weder beleidigt, weil wir anderen Götzen opfern, noch zornig, wenn wir sein Angebot der Liebe immer wieder ablehnen. Gott hat es nicht nötig, uns nachzulaufen. Aber er hat uns liebgewonnen, wie ein Vater oder eine Mutter ihr Kind liebgewonnen hat. Und der Vater und die Mutter werden zu dem Kind stehen, auch wenn es andere Wege geht. Solche Worte hindern uns daran, an uns selbst zu verzweifeln. Wenn Gott zu uns steht, sollten auch wir zu uns selbst stehen. Wenn Gott uns liebt, sollten wir nie aufhören, uns selbst zu lieben. Dann werden wir auch fähig, Gott und den Nächsten zu lieben.

Anselm Grün

# Gesellschaftskritik - damals wie heute

AMOS 5,21-27 UND 6,1-8

Das Buch Amos ist das älteste der Prophetenbücher. Amos trat
noch vor Hosea im Nordreich Israel auf. Er war von Beruf Vieh-
und Maulbeerfeigenzüchter. Er wirkte zu Beginn der Amtszeit von
König Jerobeam II. (782–747 v. Chr.). Es war durchaus eine Zeit
wirtschaftlicher Blüte, aber man richtete sich nicht mehr nach den
Weisungen Jahwes. Vielmehr übernahm man die Regeln der kana-
näischen Gottheiten. Wir könnten mit dem Blick auf heute sagen:
Man richtete sich nach den Regeln des Kapitalismus und nicht nach
den Weisungen Gottes. Der verstorbene katholische Alttestamentler
Alfons Deissler beschreibt die politische und gesellschaftliche Situation zur Zeit des Propheten Amos so: »Im öffentlichen, geschäftli-
chen und privaten Leben wurde die dem Jahwerecht widerstreitende
Ausbeutung von Menschen durch Menschen zu einem Krebsübel im
Gottesvolk, welches man durch einen der Wirtschaftsblüte entsprechenden reichen und prächtigen Kult zu überdecken suchte« (Deissler 89). Das ist eine Beschreibung, die auch auf unsere Gesellschaft
heute zutreffen könnte. Wir haben durch die kapitalistische Einstellung zum Markt, den wir alles regeln lassen, die Rechte der Menschen vergessen. Die Menschen werden der möglichst hohen Rendite
der Unternehmen geopfert. Ihre Rechte werden mit Füßen getreten.
Und die Kirche profitiert von hohen Kirchensteuern und feiert einen
prächtigen Kult.

Amos ist ein gesellschaftskritischer Prophet. Seine Worte können wir weniger mit Blick auf unsere persönliche Situation auslegen als vielmehr mit Blick auf unsere Situation in der Gesellschaft. Die Kirche hat auch heute einen prophetischen Sendungsauftrag. Sie sollte wie Amos die Missstände in einer Gesellschaft anprangern. Sie hat nicht die Aufgabe, selbst Politik zu treiben und auch nicht die Lösungen parat. Das war auch nicht das Anliegen des Propheten. Amos wollte zur Umkehr aufrufen. Seine Worte zwingen uns, unsere Lebenseinstellung und unser soziales Verhalten infrage zu stellen und darüber nachzudenken, wie wir ein gerechteres Wirtschaften ermöglichen könnten und wie in unserer Gesellschaft auch die Schwachen eine Chance bekommen.

Die Verse 5,21–27 bezeichnet Alfons Deissler als den »schroffsten unter den kultkritischen Texten der Propheten« (Deissler 118). Damit will der Prophet nicht jeden Kult ablehnen. Aber er stellt uns vor die Frage, ob wir unser Christsein nicht einfach mit der Teilnahme am Gottesdienst identifizieren, ohne unserer sozialen Verantwortung gerecht zu werden. Es gibt auch heute junge Priester, die so fixiert sind auf die Feier der Liturgie, dass sie die eigene Menschlichkeit darüber vergessen. Ihr Umgang mit den Menschen spiegelt nichts wider von der Liebe Jesu, die in der Eucharistiefeier gegenwärtig wird. Amos lehnt den Kult nicht ab. Als Christen dürfen wir diesen Text daher auch nicht so verstehen, dass wir keine Eucharistie mehr feiern sollten. Vielmehr stellt uns der Text die Frage, welchen Stellenwert die Liturgie in unserem Leben hat. Sie ist eine wichtige Quelle. Aber diese Quelle muss sich dann auch in unserem Verhalten in der Gesellschaft zeigen, in der Art unseres Wirtschaftens und in der Art und Weise, wie wir mit den Menschen umgehen.

In den kultkritischen Worten spricht Gott selbst davon, dass er die Feste der reichen Israeliten hasst und ihre Opfer nicht mehr riechen kann. Er will sogar ihre Psalmen nicht mehr hören, die man unter Harfenbegleitung sang und die wesentlicher Bestandteil der Liturgie waren – und auch heute noch sind. Auch das soll keine Ablehnung des Psalmengesangs sein. Vielmehr kommt es darauf an, dass das Recht »ströme wie Wasser, die Gerechtigkeit wie ein nie versiegender Bach« (Am 5,24). In den Psalmen singen wir oft von der Gerechtigkeit, die Gott unter uns schaffen möge. Das ist auch eine Herausforderung an uns, dass wir darauf mit einem gerechten Verhalten den Menschen gegenüber antworten und für gerechte Strukturen in der Gesellschaft eintreten. Die Liturgie hat eine politische Verantwortung. Dietrich Bonhoeffer, der bekannte evangelische Theologe, der von den Nazis hingerichtet wurde, hatte das in seiner Zeit so ausgedrückt: »Man kann nicht gregorianisch singen, ohne zugleich für die Juden zu schreien.«

Im Kapitel 6,1–8 kritisiert Amos das Verhalten der Oberschicht. Zunächst werden da die Selbstsicheren und Sorglosen angesprochen. Sie fühlen sich anderen Völkern überlegen und haben zudem das Gefühl, dass sie vor Gott über den Armen und Schwachen stehen. Die Armen sind ja selbst schuld an ihrem Elend, ist ihre Einstellung. Doch Amos verunsichert die Reichen und Sorglosen, indem er sie auf das Schicksal von zwei Städten verweist, die untergegangen sind. Ähnlich hat Jesus die Sorglosigkeit der Selbstsicheren angeprangert, wenn er vom Einsturz des Turmes von Schiloach erzählt und dabei die selbstsicheren Menschen mahnt, dass sie genauso umkommen werden, wenn sie nicht umkehren, nicht umdenken und anders leben (vgl. Lk 13,4f).

Im Anschluss beschreibt Amos das Verhalten der Reichen: Sie liegen auf Betten aus Elfenbein und faulenzen auf Polstern. Sie holen sich Lämmer aus der Herde und Mastkälber aus dem Stall. Sie trinken Wein aus großen Humpen (vgl. Am 6,4–6). Doch jetzt gilt: »Das Fest der Faulenzer ist nun vorbei« (Am 11,7). Die Reichen müssen in die Verbannung ziehen. Diese Kritik hat der Evangelist Lukas aufgegriffen, als er das Verhalten des reichen Kornbauern anprangert

(Lk 12,13–21) oder das Gleichnis vom reichen Prasser und vom armen Lazarus erzählt (Lk 16,19–31). Insofern gehört diese Kritik am Verhalten der Reichen auch zur christlichen Verkündigung.

Wenn wir die Worte des Propheten oder des Evangelisten lesen, so geraten wir schnell in die Gefahr, diese Worte gegen andere zu nutzen. Wir haben die Reichen vor Augen oder die Unternehmer. Wir kritisieren die ungerechten Lebensverhältnisse in unserer Gesellschaft und die Politiker, die daran schuld sind. Wir fühlen uns dann als Propheten, die den anderen die Wahrheit an den Kopf werfen. Wir kämen allerdings nicht auf die Idee, diese Worte auf uns zu beziehen. Daher sollten wir bei aller berechtigten Kritik an den lebensbehindernden Strukturen in unserer Gesellschaft nicht in die Falle geraten, dass wir uns selbst als Besserwisser verstehen oder als die, die »richtig« leben. Die Worte des Propheten müssen wir immer auch gegen uns selbst richten: Wie weit lebe ich so, dass ich den Menschen gerecht werde? Wie weit bin ich selbst schuld an ungerechten Strukturen oder an der Ausbeutung von Menschen oder der Schöpfung? Nur wenn ich diese Worte auch als Gewissenserforschung mir selbst gegenüber verstehe, darf ich sie als Kritik an unserer Gesellschaft verwenden. Wir sollen Missstände anprangern, aber wir sollen uns davor hüten, über Menschen zu richten. Denn wir wissen nie genau, was dieser oder jener Mensch wirklich ist und wie er lebt und denkt. Augustinus sagt, wir sollen die Sünde hassen und die Sünder lieben. Nur in dieser Haltung dürfen wir die Worte des Propheten auf unsere jetzige Situation anwenden. Dann aber haben sie eine Sprengkraft, die auch heute noch in unserer Gesellschaft ungerechte Verhältnisse aufzubrechen vermag und die unser eigenes Haus, in dem wir uns gut eingerichtet haben, infrage stellt.

Anselm Grün

# Geisterfüllt leben

JOEL 3,1-5

Das Buch des Propheten Joel steht in der Bibel zwar vor dem des Amos. Aber Joel wirkte wesentlich später in der Geschichte: etwa im 4. Jahrhundert, auf jeden Fall in der Zeit nach dem Exil. Die Person des Joel bleibt dabei im Dunkeln. Der Name bedeutet: Jahwe ist Gott. Joel spricht immer wieder vom Tag Jahwes, vom Tag des Herrn. Der Tag des Herrn ist immer zugleich ein Tag des Gerichtes und ein Tag des Heiles. Der Text, den ich auslegen möchte, wird im Neuen Testament in der Pfingstpredigt von Petrus vollständig zitiert (vgl. Apg 2,16–22).

Die Einleitungsworte »Danach aber wird es geschehen« können wir auf jeden Augenblick der Geschichte beziehen. Wenn Gott an und in uns sein Heil wirkt, wird es geschehen, dann wird Gott seinen Geist über alles Fleisch ausgießen. Damit sind alle in Israel gemeint, die Frommen und die weniger Frommen und gerade auch die Menschen in ihrer Hinfälligkeit. Die Menschen sind schwach, aber wenn Gottes Geist über sie kommt, werden sie verwandelt. Der Prophet beschreibt »alles Fleisch« noch genauer: »Eure Söhne und Töchter werden Propheten sein, eure Alten werden Träume haben, und eure jungen Männer haben Visionen. Auch über Knechte und Mägde werde ich meinen Geist ausgießen in jenen Tagen« (Joel 3,1f). Alle, Junge und Alte, Männer und Frauen, aber auch die Sklaven werden vom Geist Gottes erfüllt. Es besteht also kein Unterschied mehr zwischen ihnen. Der Geist Gottes erfüllt alle und schafft dadurch eine einzige Gemeinschaft. Die Unterschiede zwischen den verschiedenen

Bildungsgraden, zwischen der sozialen Gruppen, zwischen Männern und Frauen wird aufgehoben. Die Sklaven waren meistens keine Israeliten, sondern Heiden. Auch ihnen gilt die Verheißung des Heiligen Geistes. Alle werden vom Heiligen Geist erfüllt und im Heiligen Geist eins miteinander. Das ist auch für uns eine wunderbare Verheißung. Der Geist verbindet uns alle, unabhängig von unserer Intelligenz und von unserer Rolle, die wir in der Gesellschaft und in der Kirche spielen.

Der Geist befähigt alle, Propheten zu sein. Prophet ist nicht in erster Linie einer, der die Zukunft vorhersagt, sondern der etwas von Gott ausdrückt, was nur durch ihn allein zum Ausdruck kommen kann. In der Taufe wurden wir alle zum Propheten oder zur Prophetin gesalbt. Jeder Mensch ist einmalig. Und jeder bringt einen Aspekt Gottes hier auf Erden zur Erscheinung. Der Heilige Geist, Gott zeigt sich aber auch in Träumen und Visionen. Der amerikanische Schriftsteller und Jungschüler John Sandford nennt die Träume »Gottes vergessene Sprache«: Gott spricht zu jedem Menschen im Traum. Eine Art des Traumes ist die Vision. Sie ist ähnlich zu deuten wie Träume. Da sehen Menschen innere Bilder, die ihnen eine wichtige Botschaft Gottes vermitteln und oft auch für andere Menschen von Bedeutung sind.

Lukas hat diesen Text auf das Pfingstereignis hin gedeutet. Da wurden alle Apostel, alle Männer und Frauen, die zum Gebet versammelt waren, vom Heiligen Geist erfüllt. Und das geschieht in den Augen des Lukas immer wieder. Als Petrus vor dem Hauptmann Cornelius und seinen heidnischen Freunden eine Rede hält, fällt der Heilige Geist auf alle, die seinen Worten zuhörten (vgl. Apg 10,44). Da erfüllt sich, was beim Propheten Joel geschrieben ist, dass auch die Sklaven, die keine Juden waren, sondern aus anderen Völkern stammten, vom Heiligen Geist erfüllt werden.

Joel verbindet die Ausgießung des Heiligen Geistes mit kosmischen Reaktionen. Diese eher apokalyptischen Verse in 3,3–5 zeigen, dass die alte Welt sterben muss, damit die neue des Heiligen Geistes erfahrbar wird. Joel spricht hier vom Tag des Herrn. Das ist nicht nur ein Tag irgendwann in der Zukunft der Geschichte. Vielmehr ist der Tag des Herrn immer für uns da. In jedem Augenblick geht es darum, dass die alte Welt, die uns im Griff hat, stirbt, und das neue Leben des Heiligen Geistes in uns aufblüht. Und der Tag des Herrn ist für uns der Tag, an dem unser Leben zu einem Ende kommt: der Augenblick des Todes. Im Tod kommt diese Welt an ihr Ende, da verdunkelt sich die Sonne unseres Bewusstseins. Es ist ein schrecklicher Tag. Aber »wer den Namen des Herrn anruft, der wird gerettet« (Joel 3,5). So wird die Ausgießung des Heiligen Geistes in unserem Tod vollendet. Da werden wir ganz und gar von ihm durchdrungen und in Gott hineingenommen.

Lukas zitiert in der Pfingstpredigt auch die kosmischen Zeichen und die Rede vom Tag des Herrn und verbindet diese Worte mit der Auferstehung Jesu. In Tod und Auferstehung Jesu und in der Geistsendung zu Pfingsten erfüllt sich das, was Joel verkündet hat. In Tod und Auferstehung Jesu kommt die alte Welt zu ihrem Ende. Da geht der alte Mensch gleichsam unter und der neue Mensch steht in Jesus Christus auf. Was in Tod und Auferstehung Jesu geschehen ist, das geschieht nicht nur in unserem Tod, sondern schon in der Taufe. Da wird der alte Mensch mit Christus begraben, damit der neue, der geisterfüllte Mensch aufstehen kann. Dieser neue Mensch ist eins mit allen anderen. Da gilt dann nicht mehr: »Juden und Griechen, nicht Sklaven und Freie, nicht Mann und Frau« (Gal 3,28). Alle sind eins in Jesus Christus. Alle sind eine neue Schöpfung geworden (2 Kor 5,17). Der alte Mensch ist gestorben und wir sollen in der Neuheit des Lebens leben (Röm 6,4).

Was Joel verkündet hat, vollzieht sich in jeder Eucharistie. Da feiern wir Tod und Auferstehung Jesu. Da feiern wir, dass etwas in uns mit Jesus stirbt, dass die alten Lebensmuster und Gewohnheiten, die kranken Selbst- und Gottesbilder sterben, damit das neue Leben der Auferstehung sich in uns entfalten kann. So wie Lukas diesen alttestamentlichen Text auf das Pfingstereignis bezogen hat, können wir es auf unsere tägliche Eucharistiefeier beziehen. Es ist unsere tiefste Sehnsucht, dass wir vom Heiligen Geist erfüllt werden. Und es ist ein Grundgesetz des geistlichen Lebens, dass Altes untergehen und sich verdunkeln muss, damit Neues aufgeht und das Licht Jesu Christi in seiner ursprünglichen Klarheit aufleuchtet.

**Bibliografische Information der Deutschen Nationalbibliothek**

Die Deutsche Nationalbibliothek verzeichnet diese Publikation in der Deutschen Nationalbibliografie. Detaillierte bibliografische Daten sind im Internet über http://dnb.d-nb.de abrufbar.

1. Auflage 2020
© Vier-Türme GmbH, Verlag, Münsterschwarzach 2020
Alle Rechte vorbehalten

Lektorat: Marlene Fritsch
Covergestaltung: Finken & Bumiller, Stuttgart
Druck und Bindung: Pustet, Regensburg
ISBN 978-3-7365-0292-5

*www.vier-tuerme-verlag.de*